新能源汽车职业教育理实一体化系列教材

新能源汽车故障诊断与维护

主　编　冯永章　林　松
副主编　李国君　黄荣丹　雷　艺
参　编　陆明伟　宾　丽　欧吉伟　陈永益
主　审　区军华

北京理工大学出版社
BEIJING INSTITUTE OF TECHNOLOGY PRESS

内容简介

本书以新能源电动安全防护知识与应用入手，详细介绍了新能源电动汽车常规系统的维护及纯电动汽车常用检测工具的使用等，并详细介绍新能源电动汽车主要系统的维护：动力电池维护、车载充电机维护、电机控制器维护、驱动电机维护注意事项、标准等，在理论基础上有特点的介绍了各个系统常见故障及解决办法。

本书采用学习情境模式导入，设定的情境多来源于企业一线并配合教学一线的教学经验，内容选取以目前市场上的主流电动汽车车型为参考，结合其他品牌的电动车型，以电动汽车的主流技术及其维护方法为出发点，按照汽车维修职业岗位应掌握的技能和知识进行学习领域的课程教学，对电动汽车的维护与故障诊断进行全方位的覆盖、具有很好的教学效果。

本书可以作为职业院校新能源相关专业的教材，也可作为新能源汽车有关技术人员的参考资料及相关企业单位的培训用书。

版权专有 侵权必究

图书在版编目（CIP）数据

新能源汽车故障诊断与维护 / 冯永章，林松主编
. -- 北京：北京理工大学出版社，2023.1 重印
ISBN 978-7-5763-0713-9

Ⅰ.①新… Ⅱ.①冯… ②林… Ⅲ.①新能源 – 汽车
– 故障诊断 – 职业教育 – 教材 Ⅳ.①U469.707

中国版本图书馆 CIP 数据核字（2021）第 243394 号

出版发行 / 北京理工大学出版社有限责任公司
社　　址 / 北京市海淀区中关村南大街 5 号
邮　　编 / 100081
电　　话 /（010）68914775（总编室）
　　　　　（010）82562903（教材售后服务热线）
　　　　　（010）68944723（其他图书服务热线）
网　　址 / http://www.bitpress.com.cn
经　　销 / 全国各地新华书店
印　　刷 / 定州市新华印刷有限公司
开　　本 / 889 毫米 × 1194 毫米　1/16
印　　张 / 11.5　　　　　　　　　　　　　　　责任编辑 / 陆世立
字　　数 / 230 千字　　　　　　　　　　　　　　文案编辑 / 陆世立
版　　次 / 2023 年 1 月第 1 版第 2 次印刷　　　　责任校对 / 周瑞红
定　　价 / 39.00 元　　　　　　　　　　　　　　责任印制 / 边心超

图书出现印装质量问题，请拨打售后服务热线，本社负责调换

前言

随着我国汽车保有量的逐年增加,汽车与能源、汽车与交通、汽车与环保、汽车与城市化等问题也日益突出,发展新能源汽车已刻不容缓。自从"十五""863"计划实施以来,新能源汽车越来越受到国家、企业的重点关注;同时,发展新能源汽车还承载着我国"弯道超车"的梦想。因此,研发高效能、高环保的新能源汽车已成为我国汽车工业发展的重要主题。

本书采用学习情境模式导入,设定的情境多来源于企业一线,并与教学一线相结合,内容选取以目前市场上的主流电动汽车车型为参考,结合其他品牌的电动车型,以电动汽车的主流技术及其维护方法为出发点,按照汽车维修职业岗位应掌握的技能和知识进行学习领域的课程教学,对电动汽车的维护与故障诊断进行全方位的覆盖。

本书共分为9个项目,重点介绍了新能源汽车高压部件的维护与故障诊断、电动汽车检查与维护项目编排,高度提炼了核心知识与技能,紧贴生产实际,重在应用。

本书由广西商贸高级技工学校组织编写,由区军华担任主审,广西商贸高级技工学校冯永章、广西交通职业技术学院林松担任主编;广西商贸高级技工学校李国君、黄荣丹,广西交通职业技术学院雷艺担任副主编;参与编写的还有广西商贸高级技工学校陆明伟、宾丽、欧吉伟,广西玉柴机器股份有限公司陈永益。

通过对本书的学习,学员不仅能够对新能源汽车维护与故障诊断有较深的了解,还能掌握电动汽车高压部件、低压附件的检查与维护内容,为以后进行电动汽车维护工作和技术检修打下良好的基础。

限于编者水平和经验,书中难免存在缺点和漏洞,恳请广大读者批评指正。

编　者

目录

项目一 汽车安全防护知识与应用 ………………………………………… 1
一、高压电对人体的危害 ………………………………………………… 2
二、安全急救常识 ………………………………………………………… 3
三、高压安全防护用具认识及使用 ……………………………………… 4
四、绝缘电阻测试仪的使用 ……………………………………………… 6
五、高压安全要求及操作规范 …………………………………………… 8

项目二 车辆充电 …………………………………………………………… 13
一、慢充系统充电方式 …………………………………………………… 14
二、快充系统充电方式 …………………………………………………… 16
三、充电桩的结构 ………………………………………………………… 17
四、汽车充电指示灯 ……………………………………………………… 19
五、充电操作步骤 ………………………………………………………… 19
六、充电应急预案 ………………………………………………………… 20

项目三 新能源汽车动力电池维护 ………………………………………… 24
一、动力电池的功用 ……………………………………………………… 25
二、认识动力电池 ………………………………………………………… 25
三、动力电池系统 ………………………………………………………… 26

项目四 新能源汽车车载充电机维护 ……………………………………… 38
一、车载充电机的功用 …………………………………………………… 39
二、车载充电机的组成 …………………………………………………… 39
三、车载充电机的功能 …………………………………………………… 39

项目五　电机控制器的检查与维护 ············· 49
　一、电机控制器的作用 ················· 50
　二、电机控制器的控制原理 ·············· 50

项目六　驱动电机的检查与维护 ··············· 62
　一、驱动电机的作用 ·················· 63
　二、驱动电机的性能要求 ················ 63
　三、常用的驱动电机 ·················· 64
　四、驱动电机的安装位置 ················ 69
　五、检查与维护驱动电机 ················ 71

项目七　新能源汽车无法慢充充电故障 ··········· 80
　一、慢充充电系统的组成、原理及充电控制过程 ···· 81
　二、慢充条件及各低压部分要求 ············ 82
　三、慢充控制 ····················· 83
　四、新能源汽车的充电接口 ·············· 84
　五、新能源汽车充电系统常见慢充故障及检修方法 ·· 85

项目八　车辆无法上电 ··················· 95
　一、车辆合法性及钥匙电量情况检查 ·········· 96
　二、发动机舱各处高压零部件外观检查 ········· 97
　三、IG1/IG2 继电器故障（以吉利帝豪 EV300 为例）检查 ··· 98
　四、新能源汽车综合故障 ················ 99

项目九　新能源汽车发动机舱及底盘常规检查 ······· 102
　一、新能源汽车的概况 ················· 103
　二、新能源汽车的组成 ················· 103
　三、高压部件 ····················· 104
　四、维修注意事项 ··················· 105
　五、新能源汽车高压安全保护工具 ············ 105
　六、新能源汽车发动机舱日常检查项目 ········· 107
　七、新能源汽车检查操作步骤 ············· 111

项目一
汽车安全防护知识与应用

学习目标

知识目标

1. 能够了解高压电对人体的危害以及急救知识。
2. 能够了解高压安全防护用具的作用。

技能目标

1. 能够掌握高压安全防护用具的正确使用方法。
2. 能够掌握绝缘电阻测试仪的正确使用方法。
3. 能够掌握高压安全防护要求及操作规范。

素养目标

1. 能够制订工作计划,独立完成工作学习任务。
2. 能够在工作过程中,与小组其他成员合作、交流并进行学习任务分工,具备团队合作和安全操作的意识。
3. 养成服从管理、规范作业的良好工作习惯。
4. 培养安全工作的习惯。

任务导入

李先生的新能源吉利 EV300 行驶了 1 年,需要进行全车保养,假如你是 4S 店里面的维修师傅,应该如何选择正确的维护工具进行保养呢?

理论知识

随着科技的发展和对环保要求的提高，电动汽车又开始焕发青春。电动汽车动力电池技术的长足发展，使得电动汽车能够大规模投入使用。但是，作为由高压动力电池提供动力的电动汽车在使用、维护保养和检查维修时需要高度重视高压安全问题，高压电是配电线路交流电压在1000 V以上或直流电压在1500 V以上的电接户线，会对人体产生较大的危害。

一、高压电对人体的危害

人碰到带电的导线，电流通过人体就叫作触电。触电后，人体及人体内部组织会受到不同程度的损伤。触电时，让人体受伤的是电流而不是电压。电流对人体的伤害主要有3种：电击、电伤和电磁场生理伤害。电击是指电流通过人体，破坏人体心脏、肺及神经系统的正常功能；电伤是指电流的热效应、化学效应和机械效应对人体的危害，主要是指电弧烧伤、熔化金属溅出烫伤等；电磁场生理伤害是指在高频电磁场的作用下，人会出现头晕、乏力、记忆力减退、失眠和多梦等症状。

1. 电流的危险性

（1）25 V以上的交流电、60 V以上的直流电都具有危险性。

（2）5 mA的电流通过人体时，人会产生麻木感；10 mA的电流通过人体时，人体肌肉开始收缩；30~50 mA的交流电长时间滞留人体，会导致呼吸停止以及心室纤维性颤动。经过人体的电流达到大约80 mA时，被确认为"致命值"，如图1-1所示。

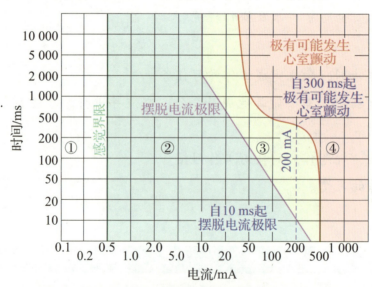

图1-1 电流强度对人体随时间的变化所产生伤害

（3）交流电压会比直流电压更具有危险性，二者的相互比较如图1-2所示。

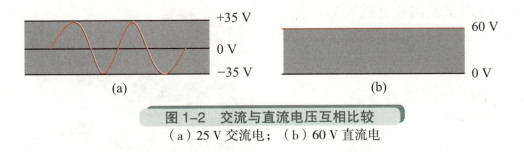

图 1-2 交流与直流电压互相比较
（a）25 V 交流电；（b）60 V 直流电

⚠ **注意：** 电流的类型不同，对人体的损伤也不同。直流电一般引起电伤，而交流电电伤与电击同时产生。

2. 人体电阻

人体电阻是不确定的电阻，皮肤干燥时一般为几千欧姆左右，湿润时可降到 $1000\ \Omega$。不同人体对电流的敏感程度也不一样，一般来说，儿童比成年人敏感，女性比男性敏感。患有心脏病者，触电后死亡的可能性最大。身体越强健，受电流伤害的程度越轻。288 V 直流电压造成的电气事故如图 1-3 所示。

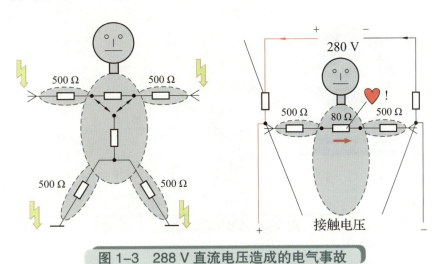

图 1-3 288 V 直流电压造成的电气事故

由于电动汽车上存在高压电，为了保证驾驶和维修安全，必须进行必要的电气防护，而且在维修的过程中要坚持"以人为本，安全第一"的原则，因此要正确选择和佩戴绝缘防护用具，使用高压检测工具。

二、安全急救常识

（1）当有人触电时绝对不要去触碰仍然与电压源有接触人员，如果可能，马上将电气系统断电。

（2）用不导电的物体（模板、扫把等）把事故受害者或者导电体与电压源分离。

（3）马上呼叫急救医生，或者马上让别人去呼叫，同时对受害者进行检查：

①确定受害者是否有生命迹象，如是否存在脉搏和呼吸；

②进行人工呼吸以及心肺按压直到医生到达，急救方法如图1-4所示。

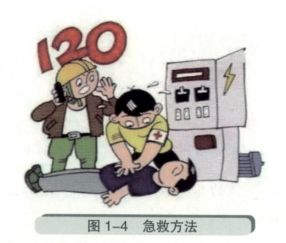

图1-4 急救方法

三、高压安全防护用具认识及使用

电动汽车高压部件维护前需准备必要的绝缘防护用具和辅助安全工具，如图1-5所示，以确保工作时的安全性。

图1-5 绝缘防护用具

> ⚠ **注意**：使用前必须检查绝缘防护用品，保证其无破损、破洞和裂纹，内外表面清洁、干燥，不能带水进行操作，以确保安全。

1. 绝缘护具

维修人员操作前必须穿戴好绝缘防护用品，具体如下。

（1）穿好绝缘防护服。

（2）穿好绝缘胶鞋。

（3）戴好防护眼镜。

（4）戴好绝缘手套：根据工作情况选择相应的防高压电手套或防电池电解液酸碱性手套。

2. 绝缘用具

常用的绝缘用具如图 1-6 所示。

图 1-6 常用的绝缘用具
（a）绝缘胶垫；（b）绝缘工具

绝缘工具的使用方法如下。

（1）在维修区域垫上绝缘胶垫。

（2）维修人员根据不同等级的电压选择对应防护等级的绝缘工具。

（3）在拔出维修开关后必须使用动力电池安全堵盖将维修开关盖口堵住。

（4）检修动力电池和电控元件时必须使用带绝缘垫的专业工作台。

⚠ 注意：使用绝缘工具前必须检查，保证其无破损、破洞和裂纹，内外表面清洁、干燥，不能带水进行操作，以确保安全。

3. 维修场地安全防范设备

安全防范设备如图 1-7 所示。

图 1-7 安全防范设备
（a）高压警示牌；（b）二氧化碳或磷酸铵盐类灭火器；（c）警戒线；（d）警戒线

4. 维修场地要求

（1）在维修作业前需采用隔离措施：使用警戒线隔离，并树立高压警示牌，以警示不相关人员远离该区域，避免发生安全事故。

（2）维修场地指定位置必须配备消防栓。

（3）在维修高压设备前，将车身用搭铁线连接到电动汽车专用维修工位的接地线上。

（4）安装专用的交流电路（220 V 50 Hz 16 A）和电源插座。如果给电动汽车充电时没有使用专用线路，可能影响线路上的其他设备的正常工作。电源安全插座如图1-8所示。

（5）保持工作环境干净且通风良好，远离液体和易燃物。

图1-8 电源安全插座

四、绝缘电阻测试仪的使用

1. 绝缘电阻测试仪

对电动汽车维修工来说，电动汽车行业的蓬勃发展既充满机遇，也充满挑战，如何提高维修工作安全指数是重中之重。为了消除电动汽车高压电对车辆和驾乘人员人身的潜在威胁，保证电动汽车电气系统的安全，绝缘电阻测试仪作为一个检验电气设备是否绝缘或存在故障的安全检验设备，使用者学会其正确使用方法是非常有必要的。

绝缘电阻测试仪分为数字式和指针式两种，如图1-9所示。

图1-9 数字式和指针式绝缘电阻测试仪
（a）数字式；（b）指针式

2. 数字式绝缘电阻测试仪按键使用说明

数字式绝缘电阻测试仪按键使用说明如图1-10所示。

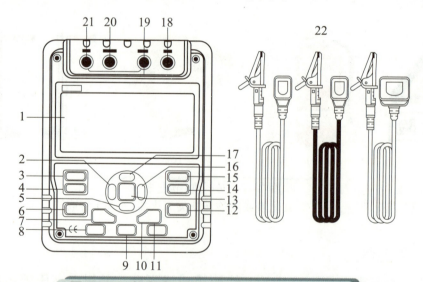

图1-10 数字式绝缘电阻测试仪按键及说明

1—显示液晶屏；2—◀选择按钮；3—背光按钮；4—存储数据清除按钮；5—▼选择按钮；6—电源开关按钮；7—比较功能按钮；8—绝缘电阻测量按钮；9—电压测量按钮；10—定时器按钮；11—低电阻测量按钮；12—测试使用按钮；13—步进选择按钮；14—数据存储按钮；15—读存储数据按钮；16—▶选择按钮；17—▲选择按钮；18—LINE：电阻输入插孔；19—COM：电压输入插孔；20—EARTH：电阻输入插孔；21—V：电压输入插孔；22—测试笔（红、黑），专用双插头（红）

3. 数字式绝缘电阻测试仪连接测量方式

数字式绝缘电阻测试仪的连接方式如图1-11所示。

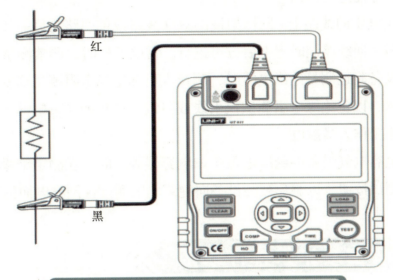

图1-11 数字式绝缘电阻测试仪连接方式

按<Ho>键设置到绝缘电阻测量挡，按<▲>和<▼>选择测试电压100 V/250 V/500 V/1000 V中之一。

在测量绝缘电阻前，待测电路必须完全放电，并且与电源电路完全隔离。

将红测试线插入LINE输入端口，黑测试线插入EARTH输入端口。将红、黑鳄鱼夹接入被测电路，正极电压是从LINE端输出的。

1）连续测量

按<TIME>键选择连续测量模式，在液晶屏上无定时器标志显示，此后按住<TEST>键1 s能够进行连续测量，输出绝缘电阻测试电压，测试红灯发亮，在液晶屏上高压提示符以20 Hz的频率闪烁。在测试完以后，按下<TEST>键，关闭绝缘电阻测试电压，测试红灯灭且无高压提示符，在液晶屏上保持当前测量的绝缘电阻值。

2）定时器测量

按<TIME>键选择定时器测量模式，在液晶屏显示TIME1和定时器标志符号，用"◀""▶"和<STEP>键设置时间（00：05～29：30），此后按下<TEST>键2 s能够进行定时器测量，在液晶屏上IME1标志以20 Hz的频率闪烁。当设定的时间到时自动结束测量，关闭绝缘电阻测试电压，并且在液晶屏上显示绝缘电阻值。

4. 绝缘电阻测试仪操作过程中的注意事项

（1）使用绝缘电阻测试仪测量高压设备绝缘应由两人进行，测量时要戴绝缘手套。

（2）测量绝缘时，必须将被测设备从各方面断开，验明无电压，确实证明设备无人工作后方可进行，在测量中禁止他人接近设备。

（3）在测量绝缘前后，必须将被试设备对地放电。对可能感应出高压电的设备，必须消除这种可能性后，才能进行测量。

（4）在有感应电压的线路上（同杆架设的双回线路或单回路与另一线路有平行段）测量绝缘时，必须将另一回线路同时停电后方可进行。雷电天气时，严禁测量线路绝缘。

（5）在带电设备附近测量绝缘电阻时，测量人员和绝缘电阻测试仪安放位置必须选择适当并保持安全距离，以免绝缘电阻测试仪引线或引线支持物触碰带电部分。移动引线时，必须注意监护，防止工作人员触电。

（6）测量大电容电气设备的绝缘电阻（如电容器等）时，在测定绝缘后，要将线路连接线断开，并松开测试按钮，以避免被测设备向绝缘电阻测试仪倒充电而损坏表。

五、高压安全要求及操作规范

1. 维修操作安全

维修操作安全注意事项如下。

（1）维修开关由专人保管，防止有人误操作。维修开关拔出后，需要等待 5 min 以上，待电机控制器、充电机等内部有电容元件的部件充分放电。

（2）维修车辆时，必须设置专职监护人一名，监护人与维修人员必须具备国家认可的《特种作业操作证（电工）》与《初级（含）以上电工证》职业资格证书。

（3）监护人工作职责为监督维修的全过程：监督维修人员组成、工具使用、防护用品佩戴、备件安全保护、维修安全警示牌等是否符合要求。

（4）监护人检查维修开关的接通与断开；对维修过程中的安全维修操作规程进行检查，监护人要按安全维修操作规程进行检查，并按安全维修操作规程指挥操作；维修人员在做完一个操作后要告知监护人，监护人要在作业流程单上做标记。

（5）禁止未经培训的人员进行高压部分的检修，禁止一切人员带有侥幸心理进行危险操作，以免发生安全事故。

2. 检修高压系统

1）电动汽车安全操作

（1）在车辆上电前，注意确认是否还有人员在进行高压维修操作，以免发生危险。

（2）检修高压系统时，断开起动开关电源，脱开蓄电池负极电缆和断开维修开关，由专职监护人员保管，并确保在维修过程中不会有人将其重新安装。

（3）检修高压线时，对拆下的任何裸露出的高压部位，应立刻用绝缘胶带包扎绝缘。

（4）安装高压线时，必须按照车身固定孔位要求将线束固定好。

（5）不能用手指触摸高压线束插接件里的带电部分，以免触电；另外，应防止有细小的金属工具或铁条等接触到插接件中的带电部分。

2）使用万用表测量

（1）检修高压系统前应使用万用表测量整车高压回路，确保无电，方法如下：拔出维修开关 5 min 后，测量动力电池和车身之间的电压初步判断是否漏电，若检测到电压大于等于 50 V，应立即停止操作，检查判断漏电部位。

（2）使用万用表测量高压时，需注意选择正确量程，检测用万用表精度不低于 0.5 级，要求具有直流电压测量挡位，量程范围大于等于 500 V。

（3）使用万用表测量高压时，需遵守"单手操作"原则。

（4）所使用的万用表一根表笔线上配备绝缘鳄鱼夹（要求耐压为 3 kV，过流能力大于 5 A），测量时先把鳄鱼夹夹到电路的一个端子，然后用另一只表笔接到需测量端子测量读数，每次测量时只能用一只手握住表笔。

（5）使用万用表测量高压时，严禁触摸表笔金属部分。

3. 检修动力电池

（1）在检修动力电池时为了防止电解液泄漏造成人员伤害，维修人员必须佩戴防电池电解液酸碱性手套和防护眼镜，以防止电解液腐蚀皮肤和溅入眼中。

（2）拔出维修开关后，需将维修开关口堵住。

（3）拔出维修开关只是切断了从动力电池到高压用电设备的电路，动力电池仍然是有电的，当需要检修动力电池时，应使用绝缘胶带包好裸露出的高压部件，避免触电。

任务实施

1. 目视检查高压手套，高压手套外观应完好无损，不漏气，检查高压手套的耐压等级，交流应达到 5000V 以上，如图 1-12 所示。

2. 检查护目镜外观应完好无损，镜片干净无污迹，如图 1-13 所示。

图 1-12 高压手套

图 1-13 护目镜

3. 检查高压防护服，外观应完好无破损，无水迹，如图1-14所示。

4. 目视检查灭火器外观完好无损，灭火器类型（干粉或水基），检查指针应指示在绿色区域，如图1-15所示。

图1-14　高压防护服

图1-15　灭火器

5. 目视检查高压警示牌，字迹图案是否清晰，如图1-16所示。

6. 目视检查绝缘胶垫是否完好，有无缺失损坏，如图1-17所示。

图1-16　高压警示牌

图1-17　绝缘胶垫

7. 目视检查绝缘世达工具是否完整，绝缘部分应完好无损，如图1-18所示。

图1-18　绝缘世达工具

8. 检查专用插头防护套是否完好，外观完好，不漏气，如图1-19所示。

9. 检查防静电手环是否完好，如图1-20所示。

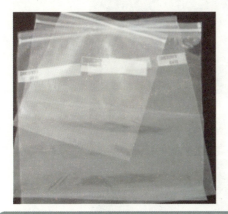
图1-19　专用插头防护套

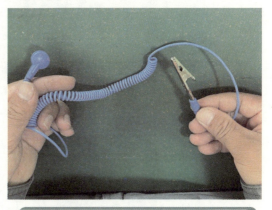
图1-20　防静电手环

10. 穿戴好个人防护用品，包括高压手套、高压安全帽、护目镜、高压防护服等，如图1-21所示。

11. 环车安全检查、作业环境检查，放置警戒线（警戒栏隔离），放置高压警示牌，安装车轮挡块、绝缘胶垫，如图1-22所示。

图1-21　穿戴好个人防护用品

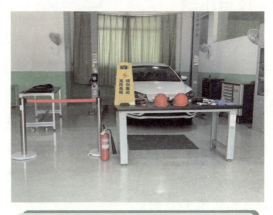
图1-22　安全检查

12. 铺设好绝缘胶垫，并用绝缘电阻测试仪检测绝缘胶垫是否正常，选其4个角作为测量点，阻值20MΩ以上为正常，如图1-23所示。

图1-23　检测绝缘胶垫

13. 恢复车辆及整理场地，如图1-24所示。

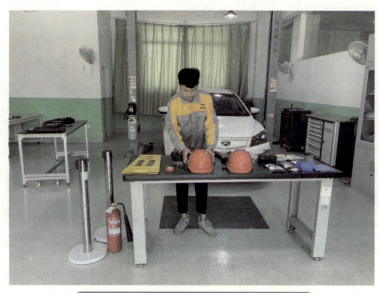

图1-24 恢复车辆及整理场地

项目小结

1. 电动汽车动力电池技术的长足发展，使得电动汽车能够大规模投入使用，但是作为由高压动力电池提供动力的电动汽车在使用、维护保养和检查维修时需要高度重视高压安全问题。

2. 对电动汽车维修工来说，如何提高维修工作安全指数是重中之重。为了消除电动汽车高压电对车辆和驾乘人员人身的潜在威胁，保证电动汽车电气系统的安全，绝缘电阻测试仪作为一个检验电气设备是否绝缘或存在故障的安全检验设备，使用者学会其正确使用方法是非常有必要的。

3. 维修人员在维修的过程中要注重高压安全要求，按照正确的规范要求进行操作。

项目二

车辆充电

学习目标

知识目标

1. 能够了解快慢充系统充电方式。
2. 能够了解充电桩的结构。

技能目标

1. 能够正确记录、分析充电情况并判断充电状态。
2. 能够按照正确操作规范进行充电操作。
3. 能够正确制订充电预案。

素养目标

1. 能够制订工作计划，独立完成工作学习任务。
2. 能够在工作过程中，与小组其他成员合作、交流并进行学习任务分工，具备团队合作和安全操作的意识。
3. 养成服从管理、规范作业的良好工作习惯。
4. 培养安全工作的习惯。

任务导入

小黄在吉利新能源汽车4S店工作，有一位客户当天在店里买了辆吉利EV300轿车，销售顾问让小黄给客户展示如何进行充电操作，假如你是小黄，应该如何安全、规范地对电动汽车进行充电呢？

理论知识

动力电池作为电动汽车的唯一能量来源，需要外部进行充电。电动汽车充电是电动汽车使用过程中必不可少的重要环节，充电的快慢影响着电动汽车使用者的出行。根据电动汽车动力电池组的技术特性和使用性质，有不同充电模式。

现有的充电系统主要分为慢充充电（常规充电）和快充充电方式两种，车主可以根据需要自行选择充电方式，如图 2-1 所示。

图 2-1 慢充和快充充电方式

一、慢充系统充电方式

慢充系统充电通常称为常规充电或交流充电，是用充电连接线将电动汽车和交流充电装置连接起来进行充电。根据充电方式的不同可以将其分为两类：交流充电适配器充电和交流充电桩充电。慢充系统充电模式充电时间较长，但是对充电设备的要求不高，且对电池深度充电，有利于提升电池的充放电效率，能够延长电池的使用寿命。

1. 交流充电适配器充电

交流充电适配器充电方式使用的是家庭 220 V 交流电进行充电，需要将吉利 EV300 配置的交流充电适配器的三相插头插入家庭用电，充电枪插入电动汽车慢充接口进行充电，如图 2-2 所示。交流充电适配器如图 2-3 所示。

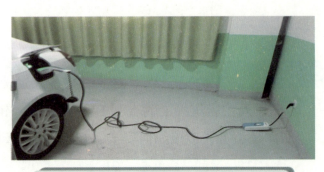

图 2-2 吉利 EV300 充电

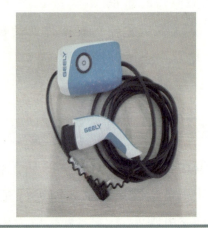

图 2-3 吉利 EV300 交流充电适配器

充电电流有 16 A 和 32 A 两种，16 A 电流充电时间比较长，在 6~8 h 之间。而 32 A 电流充电时间一般比 16 A 快几个小时。用户在使用该类充电方式时一定要注意所用插座允许使用的最大电流，以免发生危险。

2. 交流充电桩充电

交流充电桩充电方式是将充电连接线直接连接到交流充电桩进行充电，吉利 EV300 自带了充电连接线，可以连接交流公共充电桩，如图 2-4 所示。

充电连接线的一端充电枪用来连接车辆慢充口，另一端是用来连接充电桩。连接车辆端的充电枪有 7 个针脚，如图 2-5 所示。

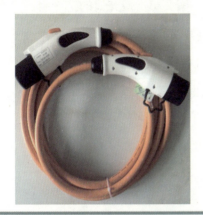

图 2-4　EV300 自带的充电连接线

图 2-5　连接车辆端的充电枪

使用自带的充电连接线时，一定要将其中一端充电枪插入车上慢充口，然后将另一端充电枪插入充电桩，最后打开充电桩计费开关。为了便于充电，有些充电桩也会提供充电连接线，可以直接连接慢充接口进行充电，如图 2-6 所示。

图 2-6　自带充电枪的交流充电桩

3. 慢充接口

汽车的慢充口一般都在加油口位置，如图 2-7 所示。

慢充口带有 7 个针脚的接口，如图 2-8 所示。各个针脚的定义如下。

图 2-7　EV300 慢充口位置

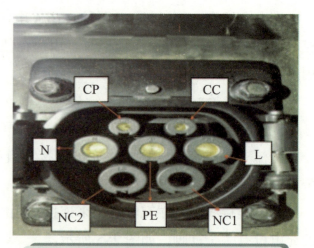

图 2-8　慢充口的 7 个针脚

（1）CP 端：控制确认，该针脚信号正常说明充电枪和车上系统控制信号正常。

（2）CC 端：充电插接器确认，该针脚信号正常说明充电枪和车身连接正常。

（3）N 端：家庭用电 220 V 零线端，该针脚为零线供电端。

（4）PE 端：接地端，该针脚用于接地。

（5）L 端：家庭用电 220 V 火线端，该针脚为火线供电端。

（6）NC1 端：空。

（7）NC2 端：空。

慢充时，交流电通过充电桩或者适配器后，经慢充口进入车载充电系统，经线束将交流电送入车载充电机，车载充电机将交流电转化为直流电后经高压控制盒，通过高压线束对动力蓄电池进行充电。

二、快充系统充电方式

快充系统充电一般使用工业 380 V 三相电，通过功率变换后，直接将高压大电流通过动力电池高压线束给动力电池充电。这种充电方式也称为直流充电，充电时间短，能够在较短时间给蓄电池补充大量电能。

目前，直流充电桩可以提供 100 A 的充电电流，且自带有充电连接线（见图 2-9），可以连接车辆的快充口进行直流充电。连接充电端的充电枪有 9 个针脚，对应车上快充充电口的 9 个针脚槽。采用快充充电方式时，要将充电枪连接到快充口。

车身上快充口有 9 个针脚的接口，如图 2-10 所

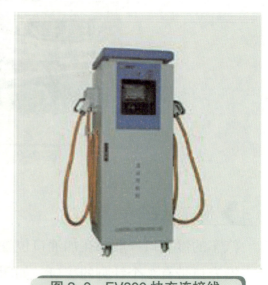

图 2-9　EV300 快充连接线

示。各个针脚的定义如下。

（1）DC-：直流电源负。

（2）DC+：直流电源正。

（3）PE：车身地（搭铁）。

（4）A-：低压辅助电源负极。

（5）A+：低压辅助电源正极。

（6）CC1：充电连接确认1。

（7）CC2：充电连接确认2。

（8）S+：充电通信CAN-H。

（9）S-：充电通信CAN-L。

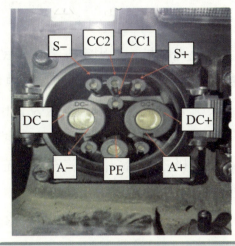

图2-10　EV300快充口的9个针脚

快充时，交流电通过充电桩转换为直流电后，通过充电连接线进入车上快充口，经过高压控制盒经高压母线给动力蓄电池进行充电。直流电口通过高压线直接连接高压控制盒，如图2-11所示。

图2-11　EV300快速充电

三、充电桩的结构

充电桩的功能类似于加油站里面的加油机，可以固定在地面或墙壁，一般安装于公共建筑（如公共停车场、商场）和居民小区停车场或充电站内，可以根据不同的电压等级为各种新能源汽车充电。充电桩的输入端与交流电网直接连接，输出端都装有充电插头，用于给新能源汽车充电。充电桩一般提供常规充电、快速充电两种方式，可以根据使用特定的充电卡在充电桩提供的人机交互操作界面上刷卡使用，进行相应的充电方式、充电时间选择，费用数据打印等操作，充电桩显示屏能够显示充电量、费用、充电时间等数据。充电桩按照充电方式的不同可以分为交流充电桩、直流充电桩和交直流一体充电桩。

1. 交流充电桩

交流充电桩一般固定安装在居民小区、大型商场、服务区等场所，并直接接入电网，为新能源汽车车载充电机提供可控的单相交流电源或三相交流电源的供电装置，如图 2-12 所示。

交流充电桩要求输入电压为 220 V，输出电压为 220 V，输出功率达到 5 kW，输出电流频率为 50 Hz。它本身并不具备充电功能，只是单纯地提供电力输出，需要连接电动汽车的车载充电机才能给新能源汽车电池充电。由于电动汽车车载充电机的功率一般都比较小，因此交流充电桩无法实现快速充电。

交流充电桩电气系统如图 2-13 所示，主回路由输入保护断路器 QF、交流控制接触器 KM 和充电接口连接器组成，二次回路由控制继电器、急停按钮、运行状态指示灯、交流智能电能表 SM、充电桩智能控制器和人机交互设备组成。

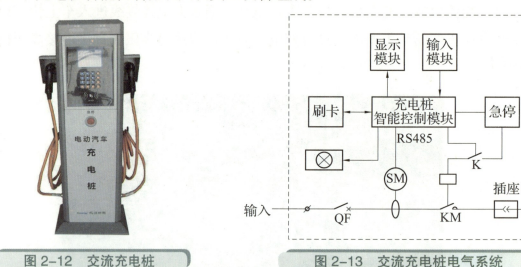

图 2-12 交流充电桩　　图 2-13 交流充电桩电气系统

（1）主回路输入保护断路器 QF 具备过载、短路和漏电保护功能；交流控制接触器 KM 控制电源的通断；充电接口连接器提供与电动汽车连接的充电接口，具备锁紧装置和预防误操作功能。

（2）二次回路提供起停控制和急停操作，运行状态指示灯提供待机、充电、充满状态指示；交流智能电能表 SM 进行交流电充电计量；人机交互设备则提供刷卡、充电方式设置和起停控制操作。

2. 直流充电桩

直流充电桩一般也称为快充站，它是固定安装在电动汽车外，与交流电网连接，可以为非车载电动汽车动力电池提供直流电源的供电装置，如图 2-14 所示。它主要由充电控制器、车辆接口、计费系统、通信系统等组成。

图 2-14 直流充电桩

直流充电桩的输入电压采用的是三相四线制 AC380 V，频率为 50 Hz，主要输出为直流电，可以提供足够的功率，输出的电压和电流调整范围大，可以满足电动汽车快充的要求。

直流充电桩也是固定安装在户外，如居民小区、大型商场、服务区、路边停车场等处。

四、汽车充电指示灯

车辆 READY 灯、动力电池电量指示、交流与直流充电指示

车辆起动后仪表 READY 灯点亮（见图 2-15），车辆动力电池上电正常（见图 2-16），车辆进入可行驶状态。

图 2-15　READY 灯

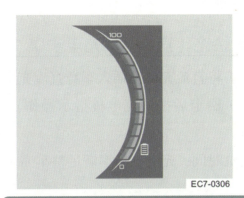

图 2-16　动力电池电量指示

动力电池电量指示：当电池电量过低时，电池电量表的柱状条的颜色变为红色，此时请及时充电，如图 2-17 所示；当电池电量充足时，电池电量表的柱状条的颜色为蓝色，如图 2-18 所示。

图 2-17　动力电池电量不足，显示为红色

图 2-18　动力电池电量充足，显示为蓝色

五、充电操作步骤

1. 慢充（交流）的充电步骤

（1）充电时，打开车门，拉起慢充口拉手，打开慢充口盖和内盖，按下充电枪按钮，插

入充电枪。

（2）选择刷卡模式或者手机 APP 扫码充电。

（3）根据交流充电机提示选择充电方式（交流），点击"开始充电"，充电桩系统会自动开始计费。

（4）确认是否充电成功，打开车门，仪表盘上会显示车外温度、充电电压、充电电流以及剩余电量。

（5）当充电完成时，必须先断开车身端充电枪，再断开充电桩端插头，具体操作流程如图 2-19 所示。

2. 快充（直流）的充电步骤

（1）将直流充电枪插入车身直流充电插座。

（2）刷卡后按照充电桩指示操作，即可完成充电。

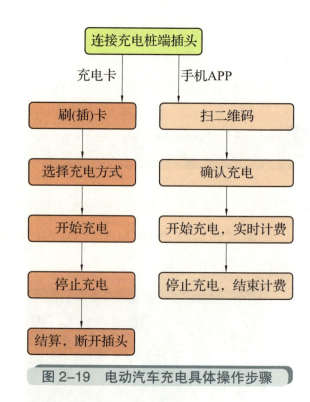

图 2-19　电动汽车充电具体操作步骤

充电时间：充电桩功率满足整车需求的前提下，预计 48 min 充电 80%。

3. 使用注意事项

请使用满足标准的快充设备，否则可能引起故障或火灾，导致人员伤亡。

必须严格按照快充充电桩的操作流程充电或停止充电。充电过程中禁止随意插拔快充插头。

六、充电应急预案

（1）当应急充电过程中，充电枪指示灯显示异常时，请将随车充电枪拔出后重新插入充电座。

（2）若车辆处于充电站直流快充状态，充电接口处冒烟、异味或车辆内部发生异常现象等情形时，请及时按下快充充电桩上的急停按钮，停止充电，疏散车辆周围人员并按照现场相关流程处置。

（3）充电过程中如果充电口附近受潮，请在确保安全的情况下先断开供电电源，然后断开供电端插头（手或身体其他部位不要触碰充电插头金属片，以免在充电系统可能出现故障的情况下，引起安全事故），再拔出车端充电插头，必要时请使用绝缘手套，并尽快联系汽车授权服务站检测确认。

（4）充电前请检查充电电缆的表皮、外壳有无破损，若出现上述状况请联系汽车授权服务站维修或更换，禁止使用破损的充电电缆。

（5）充电过程中如遇天气突发变化（大风、雨雪、雷暴），应及时检查充电插头是否牢固并处于干燥状态；闪电时，禁止触摸充电线缆和车身。

任务实施

1. 车辆交流充电所需工具及零件准备与检查，绝缘防护服、绝缘胶鞋、防护眼镜、绝缘手套准备与检查，绝缘胶垫、绝缘工具、汽车钥匙保管盒、动力电池安装堵盖准备与检查。如图2-20所示。

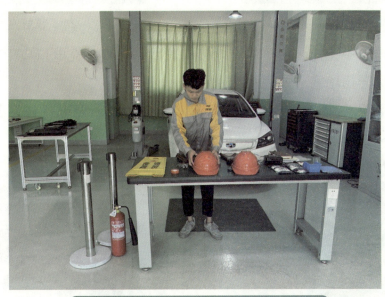

图2-20 充电前准备

2. 环车安全检查、作业环境检查，安装地板垫、座椅套、方向盘套、变挡杆套、确认变挡杆处于"P"位，确认车辆已停稳。如图2-21所示。

3. 将汽车钥匙带入车内，踩下制动踏板按下起动按钮，确认仪表上"READY"灯点亮，车辆可正常上电。如图2-22所示。

图2-21 安全检查

图2-22 确认"READY"灯点亮

4. 检查仪表上车辆动力当前电池剩余电量情况并记录。如图 2-23 所示。

5. 关闭点火开关，车辆正常下电，将车辆钥匙放入汽车钥匙保管盒。如图 2-24 所示。

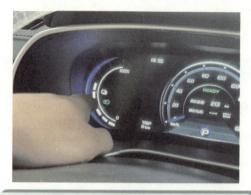

图 2-23　检查剩余电量

图 2-24　收好汽车钥匙

6. 打开车辆充电口中慢充（交流）充电接口盖目测检查，充电口应干净整洁，各连接孔无变形，无水滴，无异物堵塞。如图 2-25 所示。

7. 将慢充（交流充电器）充电枪插入车身慢充（交流）充电接口，各连接孔对正再插入。如图 2-26 所示。

图 2-25　检查充电口

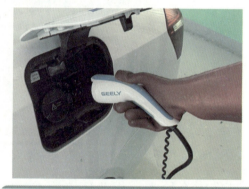

图 2-26　插入充电枪

8. 目测检查专用的交流电路（220 V 50 Hz 16 A）和电源插座并确认正常，外观完好，无异物堵塞插孔，将车载充电器插头插上插座。如图 2-27 所示。

9. 观察车辆充电接口上方的充电指示灯是否绿色闪烁，指示灯绿色闪烁则正常，否则异常。如图 2-28 所示。

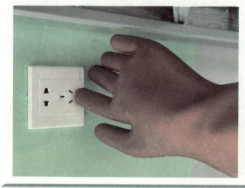

图 2-27　检查电源插座

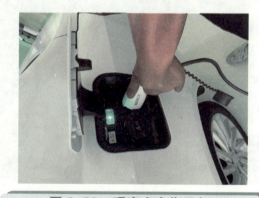

图 2-28　观察充电指示灯

10. 观察慢充（交流）充电器上指示灯是否循环闪烁，指示灯循环闪烁则正常，否则异常。如图2-29所示。

11. 观察仪表上指示情况，确认车辆已正常充电。充电符号指示车辆正在充电，确定车辆已开始正常充电。如图2-30所示。

图2-29 观察充电器上指示灯

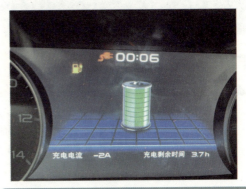

图2-30 观察仪表上指示情况

12. 充电完毕，用钥匙将车辆解锁，拔下充电枪，如图2-31所示。

13. 整理场地与工具，如图2-32所示。

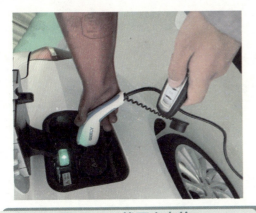

图2-31 拔下充电枪

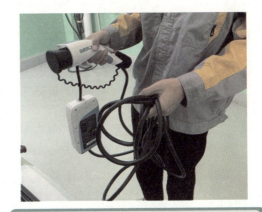

图2-32 整理场地与工具

项目小结

1. 动力电池作为电动汽车的唯一能量来源，需要外部进行充电。根据电动车动力电池组的技术特性和使用性质，可存在不同的充电模式。现有的充电方式为慢充和快充两类。

2. 慢充充电也称为交流充电或常规充电方式，指用充电连接线将电动汽车和交流充电设备连接起来进行充电的方式。慢充充电又可以分为两类：交流充电桩充电和交流充电适配器充电。

3. 快充充电也称为直流充电，指用充电连接线将电动汽车和直流充电桩连接充电的方式。

项目三

新能源汽车动力电池维护

学习目标

知识目标

1. 能够描述新能源汽车动力电池的工作原理。
2. 能够描述新能源汽车动力电池的维护方法及步骤。
3. 能够描述新能源汽车动力电池常见的故障和检修方法。

技能目标

1. 能够进行新能源汽车动力电池的维护作业。
2. 能够正确使用检测工具对新能源汽车动力电池进行检测判断。

素养目标

1. 能够制订工作计划，独立完成工作学习任务。
2. 能够在工作过程中，与小组其他成员合作、交流并进行学习任务分工，具备团队合作和安全操作的意识。
3. 养成服从管理、规范作业的良好工作习惯。
4. 培养安全工作的习惯。

任务导入

客户李先生近期驾驶自己的新能源汽车行驶不平路面时刮蹭了汽车底盘，由于李先生担心动力电池受损，因此驾车来到 4S 店进行检查。为确保李先生后期能正常且安全使用该车辆，请你为该车的动力电池进行检查，排除故障及安全隐患。

项目三　新能源汽车动力电池维护

理论知识

动力电池是新能源汽车的重要组成部分，它由多个单体电池组成。为了保证新能源汽车在复杂路况下的行驶性能，动力电池的外部保护显得格外重要，对动力电池的外部检查与维护非常有必要。

本项目学习动力电池的类型、特点、对比、动力电池箱结构认知、动力电池箱的特性，以及动力电池外部的检查，包括：电池箱外观、密封性检查，螺栓紧固情况检查，CAN电阻检查，外部绝缘性检查，高低压插接件检查。

一、动力电池的功用

动力电池主要用于为驱动电机等高压用电设备供电。传统汽车的动力输出单元是发动机，需要消耗燃油。新能源汽车动力输出单元是驱动电机，需要消耗电能，动力电池的作用相当于传统汽车的燃油，为电动汽车动力系统提供能量。电动汽车高压用电设备如图3-1所示。

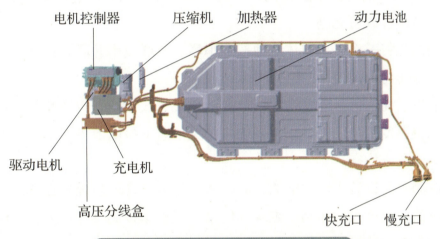

图3-1　电动汽车高压用电设备

二、认识动力电池

1. 动力电池的组成

动力电池的组成如图3-2所示。

2. 动力电池的特点

（1）高能量和高功率。
（2）高能量密度。
（3）无记忆效应。

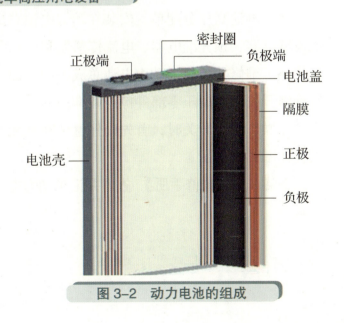

图3-2　动力电池的组成

（4）工作温度范围宽（-30~65 ℃）。

（5）使用寿命长，要求5~10年。

（6）安全可靠。

三、动力电池系统

动力电池系统主要由动力电池、手动维修开关（有些车型已取消）、动力电池箱、高压继电器、高压导线、高压分配盒、电池温度传感器、电池电压传感器、电流传感器、预充电电阻、动力电池管理模块及控制系统等组成。

吉利帝豪EV300汽车动力电池采用三元锂电池，该电池以钴酸锂、锰酸锂或镍酸锂等化合物为正极，以可嵌入锂离子的碳材料为负极，使用有机电解质。动力电池总成安装在车体下部，其组成部件包括：各模组总成、CSC（单体电池管理单元）采集系统、电池控制单元、电池高压分配单元、维修开关等部件。

（1）单体电池是直接将化学能转化为电能的基本单元装置，包括电极、隔膜、电解质、外壳和端子，并被设计成可充电。

（2）电池模组是将一个以上单体电池按照串联、并联或串并联方式组合，且只有一对正负极输出端子，并作为电源使用的组合体。

（3）CSC采集系统。每一个电池单元有多个CSC采集系统，以监测其中每个单体电池或电池组单体电压、温度信息。CSC采集系统将相关信息上报电池控制单元并根据电池控制单元的指令执行单体电压均衡。

（4）电池控制单元安装于动力电池总成内部，是电池管理系统核心部件。电池控制单元将单体电压、电流、温度及整车高压绝缘等信息上报整车控制器（VCU）并根据整车控制器的指令完成对动力电池的控制。

（5）电池高压分配单元安装在动力电池总成的正负极输出端，由高压正极继电器、高压负极继电器、预充继电器、电流传感器和预充电阻等组成。

（6）维修开关位于动力电池总成中间表面位置，打开驾驶室内副仪表手套箱开关，可操作维修开关。在高压零部件检查和维护前，断开维修开关可以确保切断高压。

在操作维修开关时，首先确保电池对外无电流输出，并且佩戴绝缘防护装备。维修开关位置如图3-3所示。

查阅车辆《维修手册》，查看并记录动力电池规格（是否为水冷），如图3-4所示。

项目三 新能源汽车动力电池维护

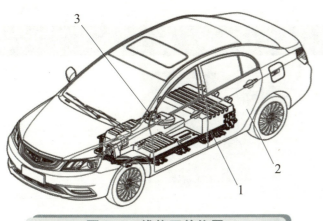

图 3-3 维修开关位置

1—动力电池；2—车身；3—维修开关

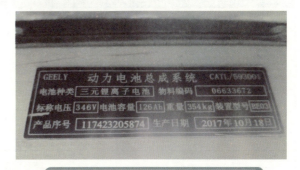

图 3-4 动力电池规格

任务实施

请勿在高压电未断开的情况下裸手触碰高压部件，高压部件包括：驱动电机控制器、分线盒、动力线束装置、车载充电机、高压主线缆、快充充电插头、快充充电插座、动力电池、驱动电机、慢充充电插座、慢充充电插头等。车内高压线缆都用橙黄色波纹管包裹，请注意识别。

1. 作业前的准备（安全防护及工具的准备）

作业前的准备如表 3-1 所示。

表 3-1 作业前的准备

项目	图示
标准工位：4 m×7 m，条件允许情况下建议 5 m×8 m	
普通（常用）工具、仪器准备与检查	

续表

项目	图示
诊断电脑	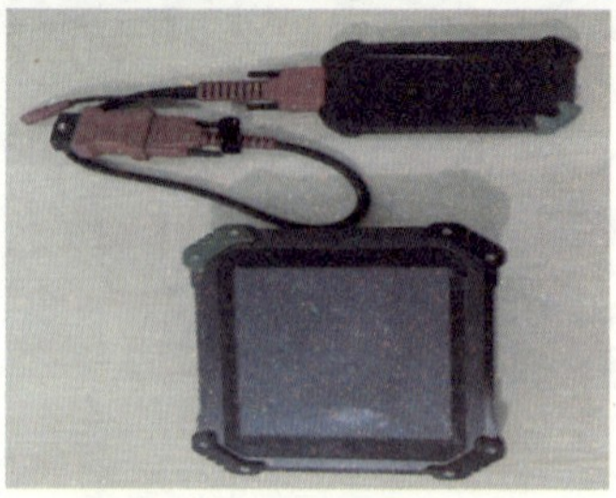
绝缘防护服、绝缘胶鞋、防护眼镜、绝缘手套的准备与检查	
检查应急急救包是否完整	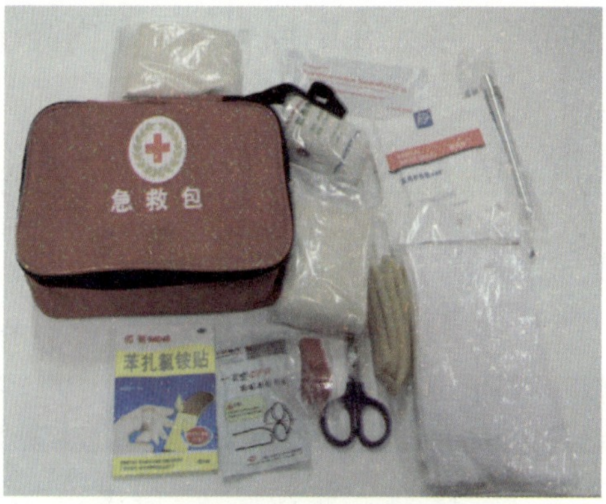
绝缘胶垫的准备和检查	
准备绝缘工具	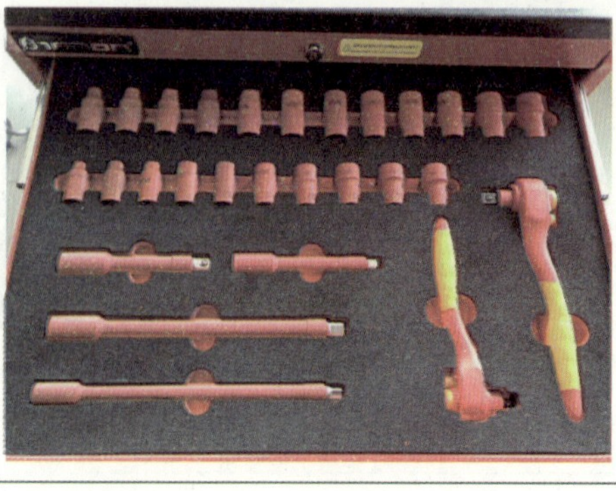

续表

项目	图示
准备汽车钥匙保管盒	
动力电池安装堵盖	
准备高压警示牌	
准备二氧化碳或磷酸铵盐类灭火器	 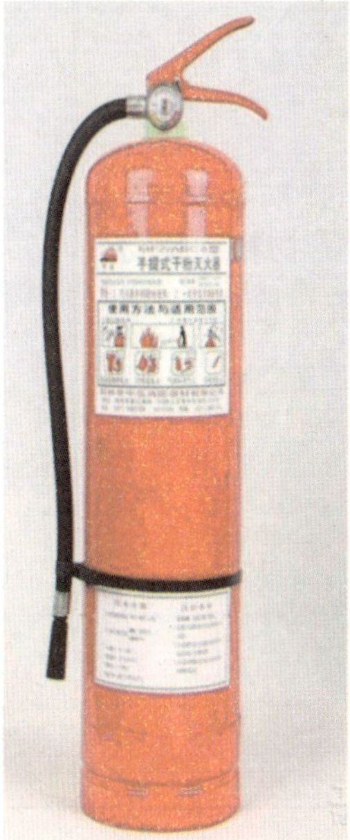

续表

项目	图示
准备警戒线（警戒栏隔离）	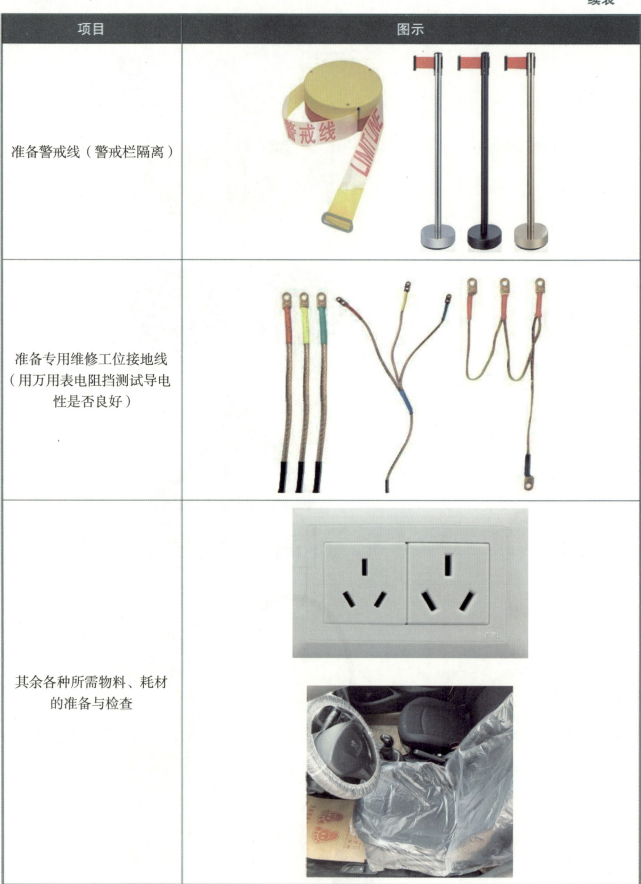
准备专用维修工位接地线（用万用表电阻挡测试导电性是否良好）	
其余各种所需物料、耗材的准备与检查	

2. 作业工作过程及注意事项（以吉利帝豪EV300为例）

（1）环车安全检查、作业环境检查，同时放置警戒线（警戒栏）、高压警示牌（安放在醒目位置），如图3-5所示。

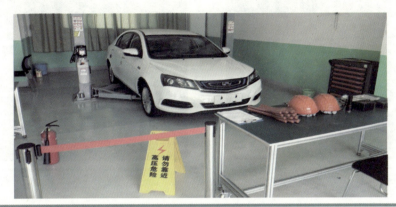

图3-5 环车安全检查、作业环境检查，放置警戒线、高压警示牌

（2）记录车辆信息，如图3-6所示。

（3）安装车轮挡块、绝缘胶垫，如图3-7所示。应对绝缘胶垫进行绝缘测试：使用万用表电阻挡，测量绝缘胶垫阻值应显示"∞"。

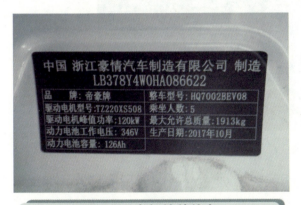

图3-6 车辆铭牌信息

图3-7 安装车轮挡块、绝缘胶垫

（4）安装地板垫、座椅套、方向盘套、变挡杆套，如图3-8所示。

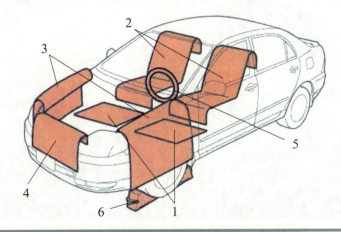

图3-8 安装地板垫、座椅套、方向盘套、变挡杆套

1—地板垫；2—座椅套；3—翼子板垫；4—前格栅垫；5—方向盘套；6—车轮挡块

（5）确认变挡杆处于"P"位，仪表挡位显示"P"，如图3-9所示。

（6）点火开关置于"ON"位置，并降下车辆前两侧车窗，如图3-10所示。

图3-9　P挡位置

图3-10　点火开关位置

（7）检查仪表上"READY"指示灯是否正常点亮，如图3-11所示。

图3-11　检查"READY"指示灯

（8）关闭点火开关，观察仪表是否熄灭（除防盗系统外，车上所有用电设备均不工作），确认车辆下电，如图3-12所示。

图3-12　仪表熄灭状态

（9）将车辆钥匙放入汽车钥匙保管盒，妥善保管钥匙保管盒，如图3-13所示。

（10）取下动力电池负极接线柱，用绝缘胶布妥善包扎牢固，如图3-14所示。

图3-13 汽车钥匙保管盒

图3-14 用绝缘胶布包扎动力电池负极接线柱

（11）安全规范举升车辆，要求规范操作，注意安全，如图3-15所示。

（12）确认举升机锁止后，切断举升机电源，如图3-16所示。

图3-15 安全规范举升车辆

图3-16 切断举升机电源

3. 电池箱体外部目测检查

电池箱体外部目测检查如图3-17所示，具体内容如下。

（1）目视检查电池箱体是否有划痕、腐蚀、变形、破损等情况。

（2）目视检查电池箱体底部防石击胶是否有划痕、腐蚀、破损等情况。

（3）目视检查电池箱体（含尾部挂梁）与车辆底盘螺栓紧固是否正常、螺栓是否腐蚀。

图3-17 电池箱体外部目测检查

4. 连接器及管路检查

（1）目测检查动力电池的2个高压线束连接器（见图3-18）是否连接良好。

（2）目测检查动力电池与前机舱线束的2个线束连接器（见图3-19）是否连接良好。

图3-18 动力电池的2个高压线束连接器

图3-19 动力电池与前机舱线束的2个线束连接器

（3）目测检查动力电池进水管与水泵接头、动力电池进水管与电池膨胀壶加水软管（见图3-20）是否有老化情况。

（4）目测检查动力电池进水管与水泵接头、动力电池进水管与电池膨胀壶加水软管（见图3-20）是否有渗漏。

图3-20 动力电池进水管与水泵接头

5. 动力电池螺栓紧固作业

（1）目测查看车辆上动力电池螺栓位置及螺栓外观情况。

（2）正确选配工具，如图3-21所示。

（3）正确调整扭矩扳手，根据每款车型的《维修手册》的规定调整扭矩。

（4）正确紧固动力电池总成后部3个固定螺栓，扭矩为78 N·m（以吉利帝豪EV300为例，其他车型以《维修手册》为准），如图3-22所示。

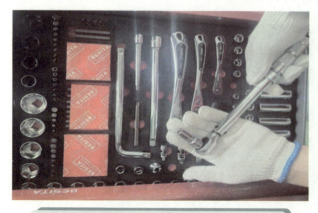

图3-21 选配工具

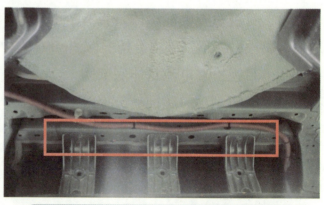

图3-22 动力电池总成后部3个固定螺栓

（5）正确紧固动力电池总成前部、左侧及右侧共计14个固定螺栓，扭矩为78 N·m（以吉利帝豪EV300为例，其他车型以《维修手册》为准），如图3-23所示。

6. 动力电池搭铁线紧固作业

（1）正确选配工具。

（2）正确调整扭矩扳手。

（3）紧固动力电池搭铁线固定螺母，扭矩为10 N·m（以吉利帝豪EV300为例，其他车型以《维修手册》为准），如图3-24所示。

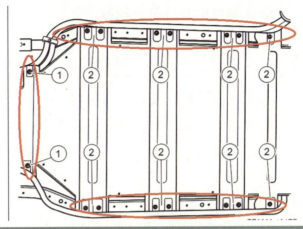

图3-23 动力电池总成前部、左侧及右侧14个固定螺栓

7. 动力电池的绝缘检测步骤

第一步：确认高压回路切断。

（1）操作起动开关使电源模式至"OFF"状态。

（2）断开动力电池负极电缆。

（3）拆卸维修开关。

（4）断开动力电池高压线线束连接器EP41。

（5）等待5 min。

（6）用万用表检测EP41端子1与端子2之间的电压。

图3-24 动力电池搭铁线固定螺母

⚠ **注意**：端子1与端子2距离较近，严禁万用表针头短接和触碰任何非目标测量金属部件，并佩戴绝缘手套。标准电压：≤5 V。

第二步：检测动力电池供电绝缘阻值。

（1）操作起动开关使电源模式至"OFF"状态。

（2）断开动力电池负极电缆。

（3）拆卸维修开关。

（4）拆卸动力电池高压线线束连接器EP41。

（5）将高压绝缘检测仪的挡位调至1000 V。

（6）用高压绝缘检测仪测量动力电池高压线线束连接器EP41的1号端子与车身接地之间的电阻。标准电阻：≥20 MΩ。

（7）用高压绝缘检测仪测量动力电池高压线线束连接器EP41的2号端子与车身接地之间的电阻。标准电阻：≥20 MΩ。

（8）确认测量值是否符合标准。

8. 降下车辆，使用诊断电脑读取单体蓄电池数据

（1）使用专用诊断仪连接车身电脑。

（2）检查电池状态参数、SOC、温度、单体电池电压、电池模组绝缘阻值。

（3）查询《维修手册》，通过对比数据进行判断单体电池的状态。

9. 作业后的场地恢复

作业后的场地恢复如表3-2所示。

表3-2 作业后的场地恢复

项目	图示
安全降下车辆、安装动力电池负极接线柱	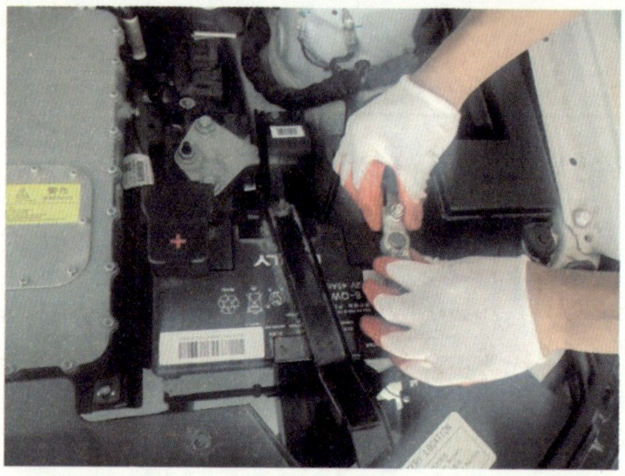
取下车外三件套，关闭发动机舱盖	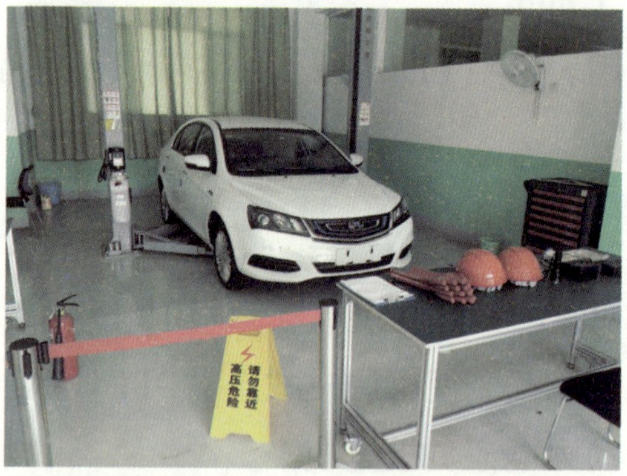
取下车内四件套，升起车窗关闭车门	

续表

项目	图示
移除车轮挡块	
撤除警戒线（警戒栏）、高压警示牌	
整理场地与工具	

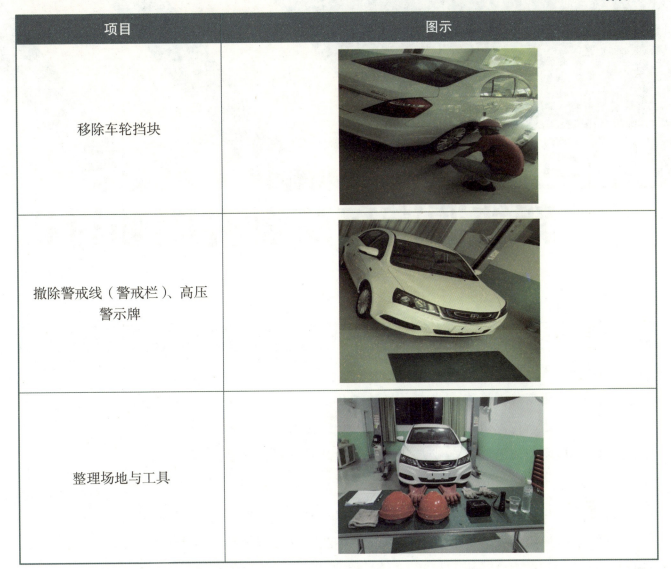

项目小结

1. 动力电池是新能源汽车的重要组成部分，动力电池由多个单体电池组成，为了保证新能源汽车在复杂路况下的行驶性能，动力电池的外部保护显得格外重要，对动力电池的外部检查与维护非常有必要。

2. 动力电池系统主要由动力电池、手动维修开关（有些车型已取消）、动力电池箱、高压继电器、高压导线、高压分配盒、电池温度传感器、电池电压传感器、电流传感器、预充电电阻、动力电池管理模块及控制系统等组成。

3. 新能源汽车动力电池维护作业主要包含以下项目：目测检查动力电池箱体外部情况，检查连接器及管路的连接情况，紧固动力电池箱体螺栓，紧固动力电池搭铁线，检测动力电池绝缘情况，记录动力电池中单体电池的数据情况。

项目四
新能源汽车车载充电机维护

学习目标

知识目标

1. 能够描述新能源汽车车载充电机的工作原理。
2. 能够描述新能源汽车车载充电机的维护方法及步骤。
3. 能够描述新能源汽车车载充电机常见的故障和检修方法。

技能目标

1. 能够进行新能源汽车车载充电机的维护作业。
2. 能够正确使用检测工具对新能源汽车车载充电机进行检测判断。

素养目标

1. 能够制订工作计划,独立完成工作学习任务。
2. 能够在工作过程中,与小组其他成员合作、交流并进行学习任务分工,具备团队合作和安全操作的意识。
3. 养成服从管理、规范作业的良好工作习惯。
4. 培养安全工作的习惯。

任务导入

客户黄先生收到4S店的客服电话,提醒其新能源汽车已经达到维护保养时间,近期需要到4S店进行维护保养。黄先生接到电话后第二天便驾车到4S店进行维护保养项目的作业,作为4S店售后维修技师的你,请完成对黄先生新能源汽车的车载充电机的维护保养作业。

理论知识

一、车载充电机的功用

车载充电机是指固定安装在电动汽车上的充电机,具有为电动汽车动力电池安全、自动地充满电的能力。充电机依据电池管理系统(BMS)提供的数据,能动态调节充电电流或电压参数,执行相应的动作,完成充电过程。按照《电动汽车用传导式车载充电机》的定义,车载充电机是指固定安装在电动汽车上,将公共电网的电能变换为车载储能装置所要求的直流电,并给车载储能装置充电的装置。

二、车载充电机的组成

车载充电机由交流输入接口、功率单元、控制单元、直流输出接口等部分组成。车载充电系统的组成如图4-1所示。

三、车载充电机的功能

(1)具备高速CAN网络与BMS通信的功能,判断电池连接状态是否正确;获得电池系统参数,及充电前和充电过程中整组和单体电池的实时数据。

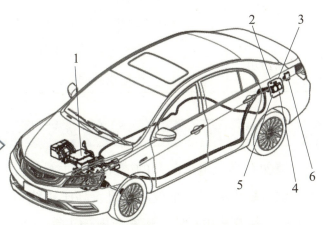

图4-1 车载充电系统的组成
1—车载充电机(如配备);2—充电接口照明灯;
3—充电接口指示灯;4—交流充电接口(如配备);
5—直流充电接口;6—辅助控制器(ACM)

(2)可通过高速CAN网络与车辆监控系统通信,上传充电机的工作状态、工作参数和故障告警信息,接受开始充电或停止充电控制命令。

(3)完备的安全防护措施,具体如下。

①交流输入过压保护功能。

②交流输入欠压告警功能。

③交流输入过流保护功能。

④直流输出过流保护功能。

⑤直流输出短路保护功能。

⑥输出软起动功能,防止电流冲击。

⑦在充电过程中,充电机能保证动力电池的温度、充电电压和电流不超过允许值;并具有单体电池电压限制功能,自动根据BMS的电池信息动态调整充电电流。

⑧自动判断充电连接器、充电电缆是否正确连接。当充电机与充电桩和电池正确连接后，充电机才能允许充电；当充电机检测到与充电桩或电池连接不正常时，立即停止充电。

⑨充电联锁功能，保证充电机与动力电池连接分开以前车辆不能起动。

⑩高压互锁功能，当有危害人身安全的高电压时，模块锁定无输出。

⑪阻燃功能。

车载充电机的参数信息如表4-1所示。

表4-1 车载充电机的参数信息

内容	项目	数据	单位
车载充电机铭牌信息	输入电压	三相五线制	V
	输出电压	DC 200~500	V
	输出功率	DC 0~90	W
绝缘电阻	车载充电机正极与壳体之间	标准值：∞	Ω
	车载充电机负极与壳体之间	标准值：∞	Ω
紧固扭矩	车载充电机固定螺栓	75	N·m
	接地线紧固螺栓	13	N·m

任务实施

请勿在高压电未断开的情况下裸手触碰高压部件，高压部件包括：驱动电机控制器、分线盒、动力线束装置、车载充电机、高压主线缆、快充充电插头、快充充电插座、动力电池、驱动电机、慢充充电插座、慢充充电插头等。车内高压线缆都用橙黄色波纹管包裹，请注意识别。

1. 作业前的准备（安全防护及工具的准备）

作业前的准备如表4-2所示。

表4-2 作业前的准备

项目	图示
标准工位：4 m×7 m，条件允许情况下建议5 m×8 m	

项目四　新能源汽车车载充电机维护

续表

项目	图示
普通（常用）工具、仪器的准备与检查	 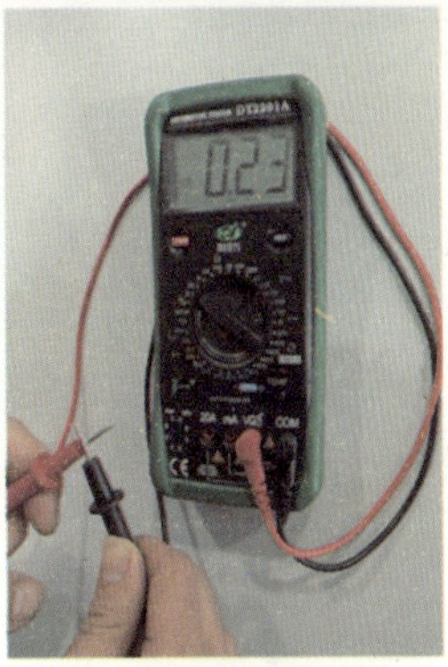
绝缘防护服、绝缘胶鞋、防护眼镜、绝缘手套的准备与检查	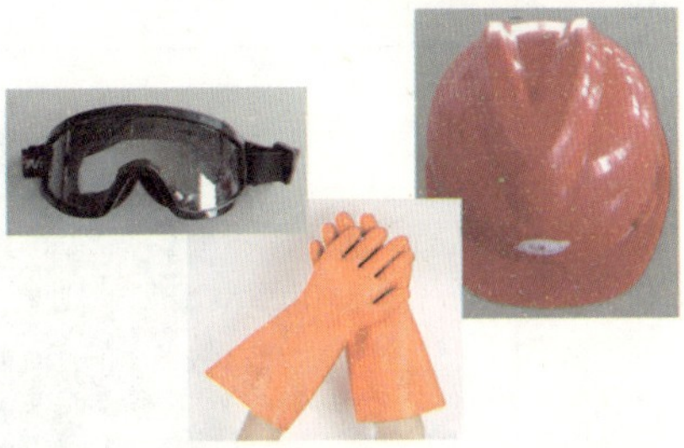
检查应急急救包是否完整	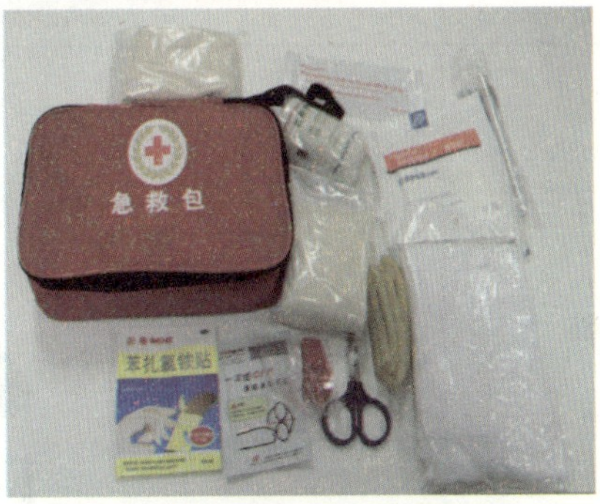
绝缘胶垫的准备和检查	
准备绝缘工具	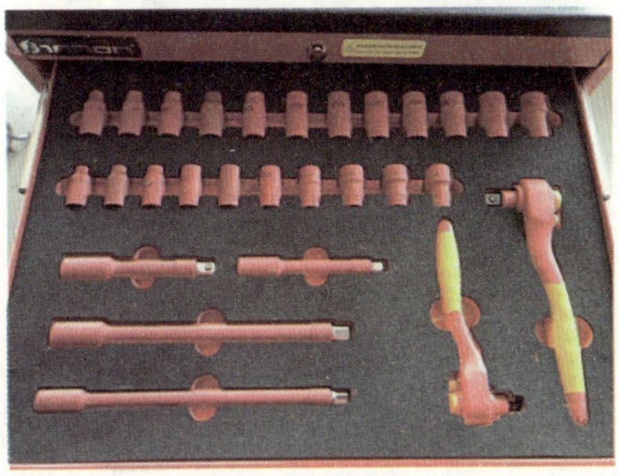

续表

项目	图示
准备汽车钥匙保管盒	
动力电池安装堵盖	
准备高压警示牌	
准备二氧化碳或磷酸铵盐类灭火器	

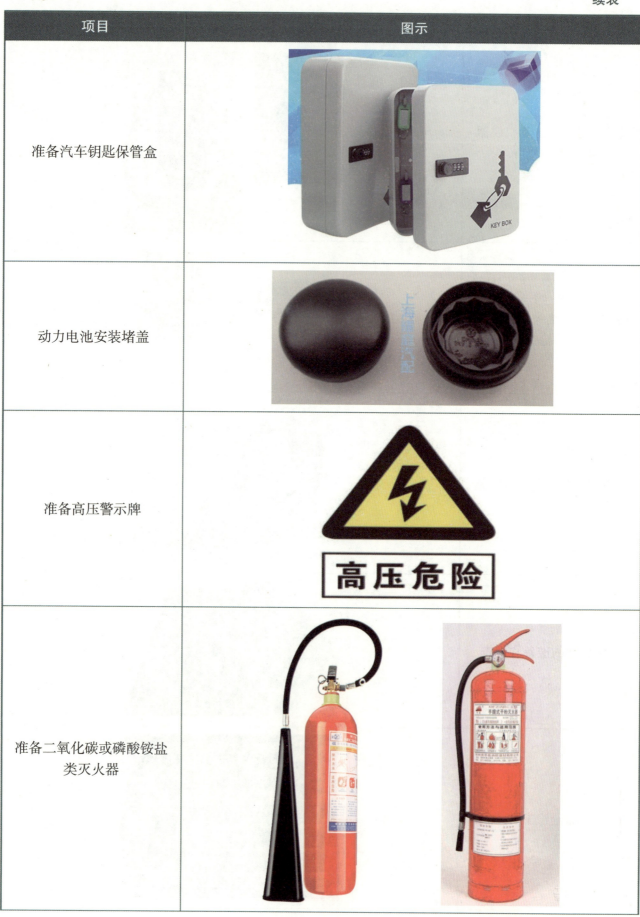

续表

项目	图示
准备警戒线（警戒栏）	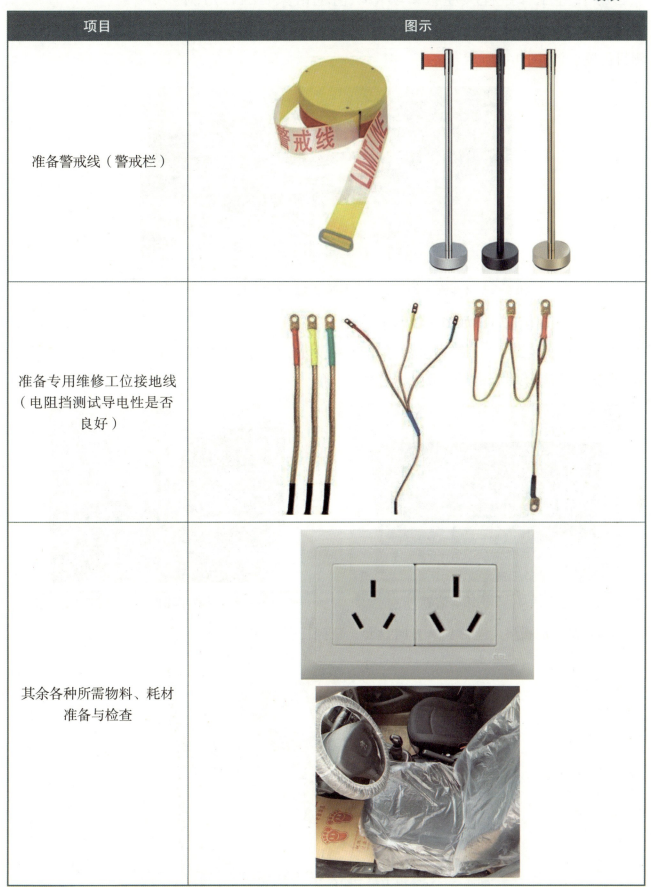
准备专用维修工位接地线（电阻挡测试导电性是否良好）	
其余各种所需物料、耗材准备与检查	

2. 作业工作过程及注意事项（以吉利帝豪EV300为例）

（1）环车安全检查、作业环境检查，同时放置警戒线（警戒栏）、高压警示牌（安放在醒目位置），如图4-2所示。

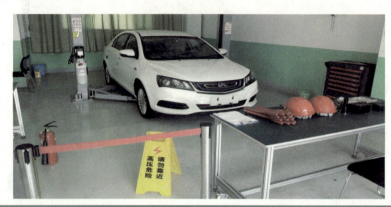

图4-2　环车安全检查、作业环境检查，放置警戒线、高压警示牌

（2）记录车辆信息，如图4-3所示。

（3）安装车轮挡块、绝缘胶垫，如图4-4所示。应对绝缘胶垫进行绝缘测试：使用万用表电阻挡，测量绝缘胶垫阻值应显示"∞"。

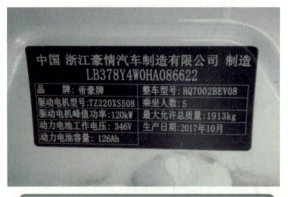

图4-3　车辆铭牌信息

图4-4　安装车轮挡块、绝缘胶垫

（4）安装地板垫、座椅套、方向盘套、变挡杆套，如图4-5所示。

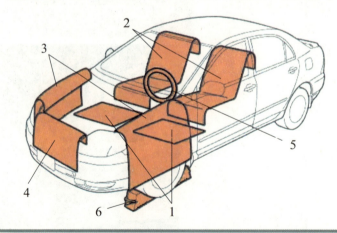

图4-5　安装地板垫、座椅套、方向盘套、变挡杆套

1—地板垫；2—座椅套；3—翼子板垫；4—前格栅垫；5—方向盘套；6—车轮挡块

（5）确认变挡杆处于"P"位，仪表挡位显示"P"，如图4-6所示。

（6）打开发动机舱盖，并安装车外三件套，如图4-7所示。

图4-6 P档所在位置

图4-7 安装车外三件套

3. 车载充电机外观检查

（1）目测检查车载充电机表面清洁情况，如图4-8所示。

（2）记录车载充电机铭牌信息输入电压。

（3）记录车载充电机铭牌信息输出电压。

（4）记录车载充电机铭牌信息输出功率。

（5）目测检查车载充电机安装是否牢固、无松动。

（6）目测检查车载充电机高压连接器情况。

（7）目测检查车载充电机低压连接器情况。

（8）目测检查车载充电机箱体情况，如图4-9所示。

图4-8 车载充电机

图4-9 车载充电机箱体

（9）车载充电机低压连接器连接锁止确认。

（10）车载充电机高压连接器连接锁止确认，如图4-10所示。

4. 检测车载充电机绝缘电阻

（1）查阅《维修手册》、车辆电路图，

图4-10 车载充电机高低压连接器连接锁止

仔细阅读确认测量车载充电机绝缘电阻的步骤、要求与方法。

(2) 关闭点火开关,观察仪表是否熄灭(除防盗系统外,车上所有用电设备均不工作),确认车辆下电,如图 4-11 所示。

图 4-11　仪表熄灭状态

(3) 将车辆钥匙放入汽车钥匙保管盒,妥善保管钥匙保管盒,如图 4-12 所示。

(4) 取下动力电池负极接线柱,用绝缘胶布妥善包扎牢固,如图 4-13 所示。

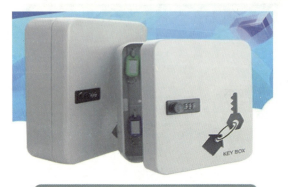

图 4-12　汽车钥匙保管盒

图 4-13　用绝缘胶布包扎动力电池负极接线柱

(5) 拆下车载充电机上的高压接头 EP51(或取下维修开关)。

⚠ 注意:正式拆除之前需戴上安全帽、防护眼镜、绝缘手套等,做好各种安全防护措施。

(6) 正确使用数字式绝缘表测量车载充电机绝缘电阻:测出车载充电机正极与壳体之间阻值为无穷大,说明车载充电机绝缘电阻绝缘情况良好;测出车载充电机负极与壳体之间阻值为无穷大,说明车载充电机绝缘电阻绝缘情况良好。

5. 车载充电机固定螺栓紧固

正确紧固车载充电机紧固螺栓,如图 4-14 所示。

(1) 正确选择套筒。

(2) 正确调整定扭矩扳手。

(3) 正确紧固车载充电机固定螺栓,扭矩为 23 N·m(以吉利帝豪 EV300 为例,其他车型以《维修手册》为准)。

6. 车载充电机搭铁线束螺栓紧固

正确紧固车载充电机搭铁线束螺栓,如图 4-15 所示。

(1) 正确选择套筒。

(2) 正确调整扭矩扳手。

（3）正确紧固车载充电机搭铁线束螺栓，扭矩为 9 N·m（以吉利帝豪 EV300 为例，其他车型以《维修手册》为准）。

图 4-14　正确紧固车载充电机固定螺栓

图 4-15　正确紧固车载充电机搭铁线束螺栓

7. 恢复车辆及整理场地

恢复车辆及整理场地如表 4-3 所示。

表 4-3　恢复车辆及整理场地

项目	图示
取下车外三件套，关闭发动机舱盖	
取下车内四件套，升起车窗关闭车门	

47

续表

项目	图示
移除车轮挡块、绝缘胶垫	
撤除警戒线（警戒栏）、高压警示牌	
整理场地与工具	

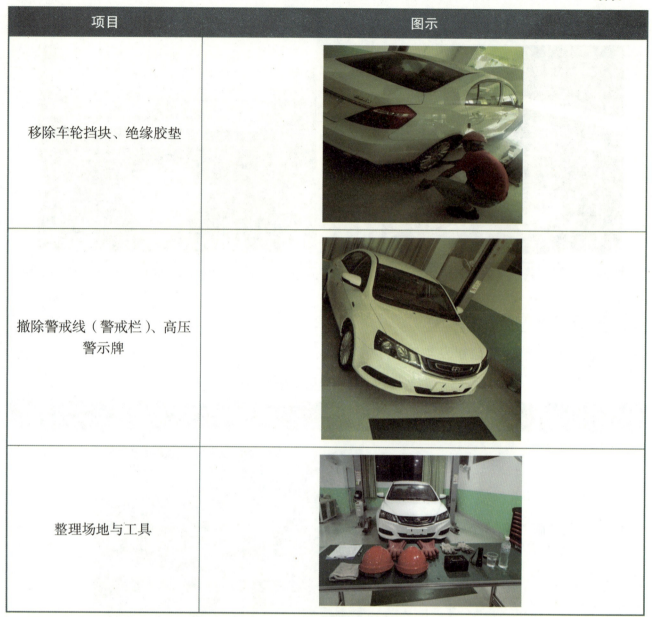

项目小结

1. 车载充电机是指固定安装在电动汽车上的充电机，具有为电动汽车动力电池安全、自动地充满电的能力，充电机依据电池管理系统（BMS）提供的数据，能动态调节充电电流或电压参数，执行相应的动作，完成充电过程。

2. 车载充电机由交流输入接口、功率单元、控制单元、直流输出接口等部分组成。

3. 新能源汽车车载充电机维护作业主要包含以下项目：车载充电机外观检查、检测车载充电机绝缘电阻、车载充电机固定螺栓紧固、车载充电机搭铁线束螺栓紧固。

项目五
电机控制器的检查与维护

学习目标

知识目标

1. 认识驱动电机控制器的作用。
2. 了解常见车型电机控制器的安装位置、结构组成和特点。
3. 能够描述驱动电机控制器的性能要求。
4. 掌握驱动电机的检查与维护方法。

技能目标

1. 能够对电机控制器进行拆装。
2. 能够对电机控制器进行检查与维护。

素养目标

1. 能够制订工作计划,独立完成工作学习任务。
2. 能够在工作过程中,与小组其他成员合作、交流并进行学习任务分工,具备团队合作和安全操作的意识。
3. 养成服从管理、规范作业的良好工作习惯。
4. 培养安全工作的习惯。

任务导入

一汽车 4S 店技师小王接到一辆吉利帝豪 EV300 轿车的故障维修工作,车主反映无法行驶,经过车间技师初步检车诊断,是电机控制器出现了问题。那么他该如何对电机控制器进行检查与维护呢?

理论知识

一、电机控制器的作用

电机控制器（MCU）也叫电动机控制单元，有的车型也叫PEU，主要由逆变器和控制器两部分组成，如图5-1所示。它是整个电动汽车的核心部件之一，作为动力系统的总控中心，对车辆的动力性能起到决定性的作用，并从整车控制器获得车辆如起步、加速、减速或制动等工况信息；通过动力电池管理系统发送的动力电池放电参数，从动力电池获得高压直流电，经过自身逆变器的调制，把动力电池输出的高压直流电转换为电压、频率可调的三相交流电，提供给三相交流电动机输出相应的转速和转矩，并能改变驱动电机的旋转方向，使车辆按照驾驶员的意愿前进或者后退。电机控制器还具有电机系统故障诊断保护和存储功能。

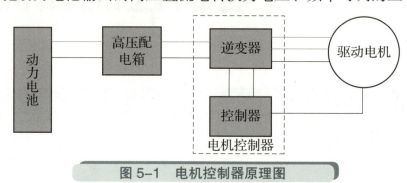

图5-1 电机控制器原理图

二、电机控制器的控制原理

电机控制器依靠内置旋转变压器、温度传感器、电流传感器、电压传感器、逆变器、控制器等来提供驱动电机系统的工作信息，并将驱动电机的运行状态信息实时发送给整车控制器。

1. 旋转变压器的工作原理

旋转变压器又称解析器，安装在驱动电机上，用来测量旋转物体的转轴角位移和角速度。旋转变压器在结构上分为传感器线圈和信号齿圈两个部分，传感器线圈固定在壳体上，信号齿圈固定在转子上。传感器线圈由励磁、正弦和余弦三组线圈组成。

旋转变压器的工作原理和普通变压器的工作原理基本相似，主要区别在于普通变压器的一次、二次绕组是相对固定的，所以输出电压和输入电压之比是常数；而旋转变压器的一次、二次绕组随转子的角位移发生相对位置的改变，因而其输出电压的大小随转子角位移而发生变化，与转子转角成正弦、余弦函数关系或保持某一比例关系。其中，定子绕组作为变压器的一次侧，接受励磁电压；转子绕组作为变压器的二次侧，通过电磁耦合得到感应电压。

旋转变压器的原理简图如图5-2所示，一次侧作为转子，二次侧作为定子，随着两者相对角度的变化，在输出侧就可以得到幅值变化的波形。旋转变压器输出信号幅值随位置变化而变化，但频率不变。

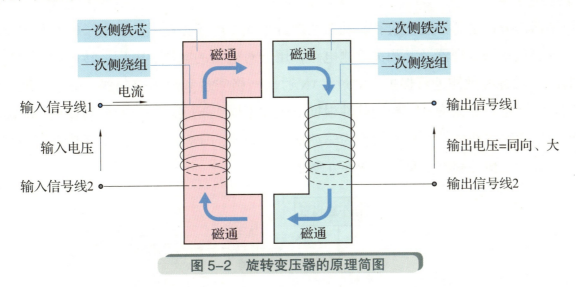

图 5-2　旋转变压器的原理简图

2. 温度传感器的作用

温度传感器的作用是检测驱动电机绕组温度，并将信息提供给电机控制器，再由电机控制器通过 CAN 线传给整车控制器，进而控制水泵工作、水路循环、冷却电子扇工作，调节驱动电机的工作温度。

3. 逆变器

逆变器的核心器件是 IGBT（绝缘栅双极晶体管）功率模块，主要应用在逆变器的 DC/AC 变换电路中，相当于一个高速无触点电子开关，其作用是将动力电池的直流电流转换成驱动电机转动的交流电流；另外，也将电机回收的交流电流转换成可供动力电池充电的直流电流。IGBT 驱动模块是由双极结型晶体三极管和绝缘栅型场效应管组成的复合全控型的电压驱动式功率半导体器件，具有自关断的特征。IGBT 驱动模块有饱和和截止两种状态，在饱和状态下，能使电路导通；在截止状态下，使电路断开。IGBT 驱动模块兼有 MOSFET（金氧半场效晶体管）和 GTR（电力晶体管）的饱和压降低、载流密度大、驱动功率很小、开关速度快等优点。逆变器的内部电路如图 5-3 所示。

逆变器内部电路由 6 个 IGBT 组成，6 个 IGBT 的序号一般为 $VT_1 \sim VT_6$。每一相输出线和正负直流母线之间各连接一只 IGBT，连接正极母线的 IGBT 与输出端节点为上桥臂，连接负极母线的 IGBT 与输出端节点为下桥臂，每一相的上、下桥臂统称为半桥。

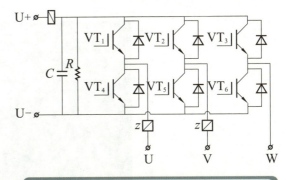

图 5-3　逆变器的内部电路

4. 控制器

控制器部分由电子控制模块和驱动器两部分组成。电子控制模块由电子模块和控制软件组成，主要包括微处理器及其相关检测电路，用于对电机的电流、电压、转速和温度等状态进行监测，对各种硬件进行保护，通过 CAN 通信网络实现和整车控制器、电池管理系统等外部控制单元进行数据交互。控制软件根据电机在不同工况实现相应的控制算法。驱动器将电子控制模块对电机的控制信号转换为驱动功率变换器的驱动信号，并实现功率信号和控制信号的隔离。电机控制器示意图如图 5-4 所示。

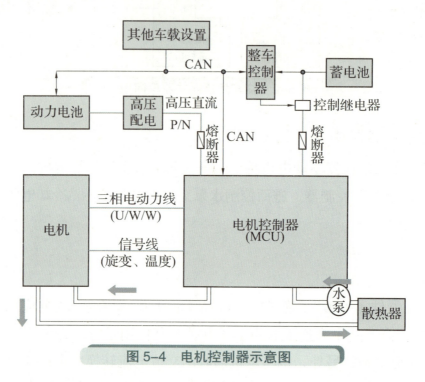

图 5-4 电机控制器示意图

5. 电机控制器的安装位置

电机控制器通常安装在整车前舱内，下面有支架托着，与车载充电机并列在一起（以吉利帝豪 EV300 为例），如图 5-5 所示。

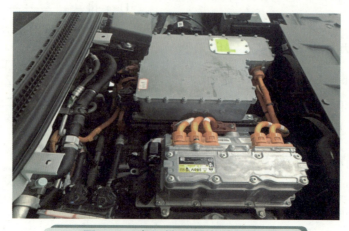

图 5-5 电机控制器安装位置

6. 电机控制器线束连接认识

电机控制器外部电路接线如图 5-6 所示。

7. 电机控制器的相关特性

电机控制器作为电机运转的一个控制系统,为了能够让整车正常运行,必须要同时满足以下几个特性。

1)控制运行稳定

控制器所起到的作用主要的就是控制电机运转,所以控制运行稳定是控制器所具备的一个重要的特点。也正是这样的一个特点,让控制器的使用也开始变得广泛起来。

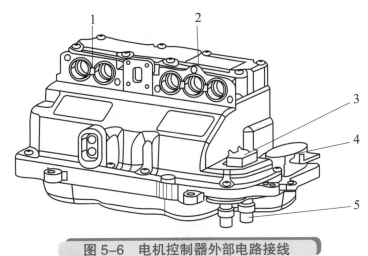

图 5-6 电机控制器外部电路接线
1—高压线束接口;2—驱动电机三相线束接口;3—低压信号接口;4—低压充电(DC/DC 接口);5—冷却管口

2)电源系统可靠

对于一个电机控制器来说,如果电源系统不可靠的话,那么这个控制器是无法进行正常的工作的。因为想要保证控制器运行的正常,就要首先保证其电源的可靠性。这是一个控制器所具备的一个重要的特点。

3)智能系统,响应比较灵活

作为控制器来说,首先运用的就是智能系统。它可以很好地与电机相连,从而更好地进行控制。同时,也要响应比较灵活,才可以达到方便控制的目的。以吉利 EV300 为例,通过相关技术参数来衡量电机控制器的特性。

8. 电机控制器的维护与保养

新能源汽车的电机控制器的维护与保养跟传统汽车一样,也需要进行清洁、紧固、检查和补充等工作。电机控制器在实施日常性保养活动的时候,首先要进行清洁工作:将电机控制器表面以及线缆等地方清理干净,确保没有污垢。其次,实施紧固工作:将电机控制器的螺栓及附件线束进行紧固。再次,实施检查工作:对电机控制器表面进行检查,重点观察是否有破裂或者破损的地方,线束是否出现短路和断路。最后,要对电机控制器进行安全防护检查、绝缘性能检测。

任务实施

1. 工具及零件准备与检查

（1）普通（常用）工具、仪器准备与检查。

（2）绝缘防护服、绝缘胶鞋、防护眼镜、绝缘手套准备与检查，如图5-7所示。

（3）绝缘胶垫、绝缘工具、汽车钥匙保管盒、动力电池安装堵盖准备与检查。

（4）高压警示牌、二氧化碳或磷酸铵盐类灭火器、警戒线（警戒栏）、专用维修工位接地线准备与检查。

（5）其余各种所需物料、耗材准备与检查。

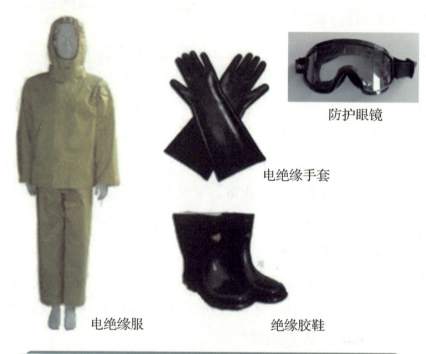

图5-7 绝缘防护服、绝缘胶鞋、防护眼镜、绝缘手套

2. 前期准备工作

（1）环车安全检查、作业环境检查。

（2）放置警戒线（警戒栏）。

（3）放置高压警示牌。

（4）记录车辆信息。

（5）安装车轮挡块、绝缘胶垫。

（6）安装地板垫、座椅套、方向盘套、变挡杆套，如图5-8所示。

（7）确认变挡杆处于"P"位。

（8）点火开关置于"ON"位置。

（9）检查仪表上"READY"指示灯是否正常点亮。

（10）关闭点火开关，确认车辆下电。

（11）将车辆钥匙放入汽车钥匙保管盒。

（12）取下蓄电池负极接线柱。

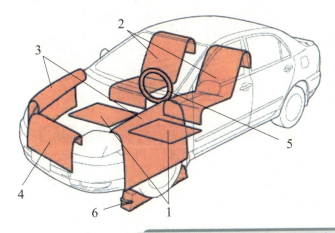

图 5-8　安装地板垫、座椅套、方向盘套、变挡杆套

1—地板垫；2—座椅套；3—翼子板布；4—前格栅布；5—方向盘套；6—轮胎挡块

3. 实施步骤

1）电机控制器外观检查

（1）目测检查电机控制器表面清洁情况，如图 5-9 所示。

（2）目测检查电机控制器安装牢固、无松动。

（3）目测检查电机控制器高压连接器情况，如图 5-10 所示。

（4）目测检查电机控制器低压连接器情况，如图 5-11 所示。

（5）各高低压连接器插头可以参照图 5-12 所示进行检查。

图 5-9　电机控制器表面

图 5-10　电机控制器高压连接器

图 5-11　电机控制器低压连接器

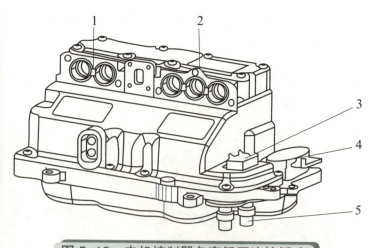

图 5-12　电机控制器各高低压连接插头

1—高压线束接口；2—驱动电机三相线束接口；3—低压信号接口；4—低压充电（DC/DC 接口）；5—冷却管口

2）电机控制器侧高压线束固定螺栓紧固前的准备工作

（1）查阅《维修手册》、车辆电路图，仔细阅读并确认拆下车载充电机上的高压接头 EP51 的步骤、要求与方法。

（2）拆下车载充电机上的高压接头 EP51（或取下维修开关）。

> ⚠ 注意：正式拆除之前需戴上安全帽、防护眼镜、绝缘手套等，做好各种安全防护措施。

高压插接器的拆卸方法一：

第一类高压接插件（HVP800 序列），如图 5-13 所示。

（1）用手或起子轻撬助力手柄锁扣。

（2）将助力手柄脱出锁头，然后缓慢向上抬高助力手柄，接插件会慢慢退出。

（3）当助力手柄由水平位置变到垂直位置时，接插件已全部处于拔出状态。

高压插接器的拆卸方法二：

第二类高压接插件（HVA280 序列），如图 5-14 所示。

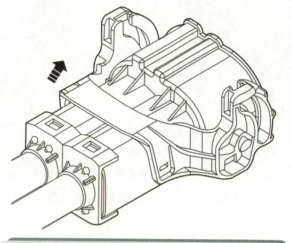

图 5-13　高压接插件（HVP800 序列）

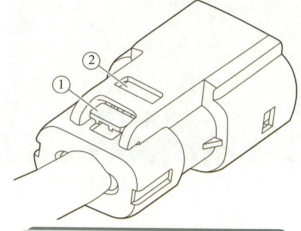

图 5-14　高压接插件（HVA280 序列）

（1）按住①处，将接插件往外拔，听到咔响声后停止。

（2）按住②处，将接插件往外拔，直到拔出为止。

在拆卸的过程中，注意做好绝缘保护，如图5-15、图5-16所示。

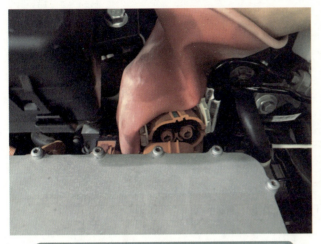

图5-15　绝缘保护1　　　　　　　图5-16　绝缘保护2

3）查阅手册确认固定螺栓扭矩

查阅《维修手册》确认电机控制器固定螺栓扭矩。

4）查阅手册确认车载充电机固定螺栓扭矩

（1）正确选择套筒。

（2）正确调整定扭矩扳手。

（3）正确紧固车载充电机固定螺栓，如图5-17、图5-18所示。

图5-17　紧固车载充电机固定螺栓1　　　　图5-18　紧固车载充电机固定螺栓2

5）查阅手册确认三相线固定螺栓扭矩

（1）（电机控制器侧）三相线固定螺栓的紧固扭矩 EP62。

（2）（电机侧）三相线固定螺栓的紧固扭矩 EP61。

示意图如图 5-19~ 图 5-21 所示。

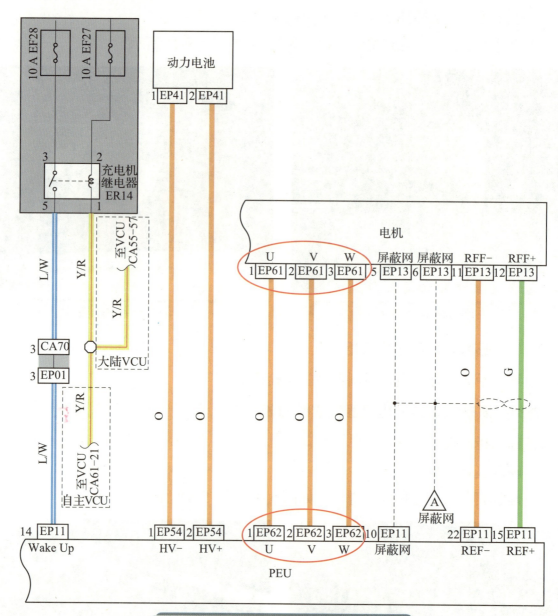

图 5-19 三相线固定螺栓 1

图 5-20 三相线固定螺栓 2

图 5-21 三相线固定螺栓 3

6）查阅手册确认 EP54 固定螺栓扭矩

（1）（电机控制器侧）EP54 固定螺栓的紧固扭矩。

（2）（电机侧）EP54 固定螺栓的紧固扭矩。

7）高压 EP54 固定螺栓紧固检查

（1）正确选择套筒。

（2）正确调整扭矩扳手。

（3）检查 EP54 固定螺栓的紧固扭矩（电机控制器侧）是否符合标准。

（4）检查 EP54 固定螺栓的紧固扭矩（电机侧）是否符合标准。

示意图如图 5-22、图 5-23 所示。

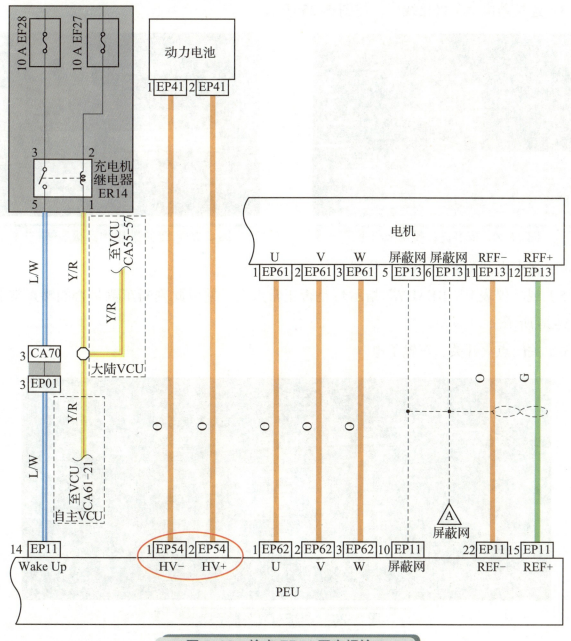

图 5-22　检查 EP54 固定螺栓 1

8)最后的安装

(1)查阅《维修手册》、车辆电路图,仔细阅读确认安装车载充电机上的高压接头 EP51 的步骤、要求与方法。

(2)安装车载充电机上的高压接头 EP51(或取下维修开关),如图 5-24 所示。

⚠ **注意**:正式安装之前需戴上安全帽、防护眼镜、绝缘手套等,做好各种安全防护措施。

图 5-23 检查 EP54 固定螺栓 2

(3)连接蓄电池负极接线柱,如图 5-25 所示。

图 5-24 安装高压接头 EP51

图 5-25 连接蓄电池负极接线柱

(4)将点火开关置于"ON"位置。

(5)观察仪表上"READY"指示灯是否正常点亮,并以此判断车辆是否能够正常上电,如图 5-26 所示。

(6)关闭点火开关,车辆下电。

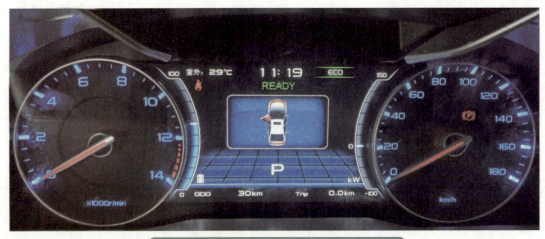

图 5-26 "READY"指示灯

9）恢复车辆及整理场地

（1）取下车外三件套，关闭发动机舱盖。

（2）取下车内四件套，升起车窗关闭车门。

（3）移除车轮挡块、绝缘胶垫。

（4）撤除警戒线（警戒栏）、高压警示牌。

（5）整理场地与工具。

项目小结

1. 电机控制器也叫电动机控制单元，是整个电动汽车的核心部件之一，作为动力系统的总控中心，对车辆的动力性能起到决定性的因素。

2. 电机控制器依靠内置旋转变压器、温度传感器、电流传感器、电压传感器、逆变器、控制器等来提供驱动电机系统的工作信息，并将驱动电机的运行状态信息实时发送给整车控制器。

3. 维修人员在对电机控制器的检查与维护的过程中，要注重高压安全要求，按照正确的规范要求进行操作。

项目六

驱动电机的检查与维护

学习目标

知识目标

1. 认识驱动电机的作用。
2. 了解驱动电机在车上安装的位置、结构组成和特点。
3. 能够描述驱动电机的性能要求。
4. 掌握驱动电机的检查与维护方法。

技能目标

1. 能够规范使用新能源汽车维修工具。
2. 能够对驱动电机进行检查与维护。

素养目标

1. 能够制订工作计划，独立完成工作学习任务。
2. 能够在工作过程中，与小组其他成员合作、交流并进行学习任务分工，具备团队合作和安全操作的意识。
3. 养成服从管理、规范作业的良好工作习惯。
4. 培养安全规范操作的意识。

任务导入

一汽车 4S 店技师小张接到一辆吉利帝豪 EV300 轿车的故障检修工作，车主反映车辆能正常上电，但是挂上"D"挡后仍然无法行驶，经过车间技师初步检车诊断，是驱动电机出现了问题。那么如何对驱动电机进行检查与维护呢？

> **理论知识**

驱动电机在纯电动汽车中承担着驱动车辆和发电的双重功能，即在正常行驶时发挥其主要的电动机功能，将电能转化为机械能；而在降速或下坡滑行时发挥发电机的功能，将车轮的惯性动能转换为电能。通常要求纯电动汽车的驱动电机能够频繁地起动/停车、加速/减速。在低速或爬坡时要求高转矩、低转速，而高速行驶时则要求低转矩、恒功率，并且要求变速范围大，因此纯电动汽车的驱动电机一般要具有良好的转矩、转速特性。

一、驱动电机的作用

驱动电机根据整车控制器的控制为整车提供加速、减速、能量回收等作用。电动汽车对于驱动电机的要求如下。

新能源汽车由电机驱动，电机是新能源汽车的关键部件，其性能的好坏直接影响新能源汽车驱动系统的性能。要使新能源汽车具有良好的使用性能，驱动电机应具有较宽的调速范围、较高的转速和足够大的起动转矩，还要具有体积小、质量轻、效率高的特点。新能源汽车用电机在需要充分满足汽车的运行功能的同时，还应满足行驶时的舒适性、适应性和一次充电的续驶里程长等性能。新能源汽车用电机要求具有比普通工业用电机更为严格的技术规范。

二、驱动电机的性能要求

1. 体积小、质量轻

应尽可能减小对有效车载空间的占用，减少系统的总质量。电机尽可能采用铝合金外壳，以降低质量。各种控制装置的质量和冷却系统的质量也要尽可能轻，同时控制装置的各元器件布置应尽可能集中，以节省空间。

2. 在整个运行范围内的高效率

一次充电续驶里程长，特别是路况复杂以及行驶方式频繁改变时，低负荷运行也应该具有较高的效率。

3. 低速大转矩特性及较宽范围内的恒功率特性

即使没有变速器，电机本身也应满足所需要的转矩特性，以获得所需要的起动、加速、行驶、减速、制动等所需的功率及转矩。电机具有自动调速功能，可以减轻驾驶员的操纵强度，提高驾驶的舒适度，并且能够达到与内燃机汽车加速踏板同样的控制响应。

4. 高可靠性

新能源汽车在行驶过程中遇到各种环境、路况都有可能，所以在任何情况下都应确保具有高可靠性。

5. 高电压

在允许的范围内应尽可能采用高电压，可以减小电机的尺寸和导线等装备的尺寸，特别是可以降低逆变器的成本。

6. 电气系统安全性高

各种动力电池组和电机的工作电压可达到 300 V 以上，对电气系统安全性和控制系统的安全性，都必须符合相关车辆电气控制的安全性能标准和规定。另外，电动车用电机还要求耐高温和耐潮湿性强，运行时噪声低，能够在较恶劣的环境下长时间工作，要求具有结构简单、适合大批量生产、使用维修方便等特点。

> **知识拓展**
>
> 根据电动汽车的驱动特点所设计的电机，相比于工业用电机有着特殊的性能要求：
> （1）电动汽车驱动电机通常要求可以频繁地起动/停车、加速/减速，转矩控制的动态性能要求较高；
> （2）为减少整车的质量，通常取消多级变速器，要求在低速或爬坡时，电机可以提供较高的转矩，要承受 4~5 倍的过载；
> （3）要求调速范围尽量大，整个调速范围内还需要保持较高的运行效率；
> （4）电机设计时尽量设计为高额定转速，同时尽量采用铝合金外壳，高速电机体积小，有利于减少电动汽车的质量；
> （5）电动汽车应具有最优化的能量利用，具有制动能量回收功能，再生制动回收的能量一般要达到总能量的 10%~20%；
> （6）电动汽车所使用的电机工作环境更加复杂、恶劣，要求电机有很好的可靠性和环境适应性，同时还要保证电机生产的成本不能过高。

三、常用的驱动电机

1. 直流电机

在电动汽车发展的早期，大部分的电动汽车都采用直流电机作为驱动电机，这类电机技术较为成熟,有着控制方式容易、调速优良的特点,曾经在调速电机领域内有着最为广泛的应用。但是,直流电机的复杂机械结构,如电刷和机械换向器等,导致它的瞬时过载能力和转速的进一步提高受到限制,而且在长时间工作的情况下,机械结构会产生损耗,提高了维护成本。此外,电机运转时电刷冒出的火花使转子发热,浪费能量,散热困难,也会造成高频电磁干扰,影响整车性能。由于直流电机有着以上缺点,目前在电动汽车应用领域已经基本被淘汰。直流电机构造图如图6-1所示。

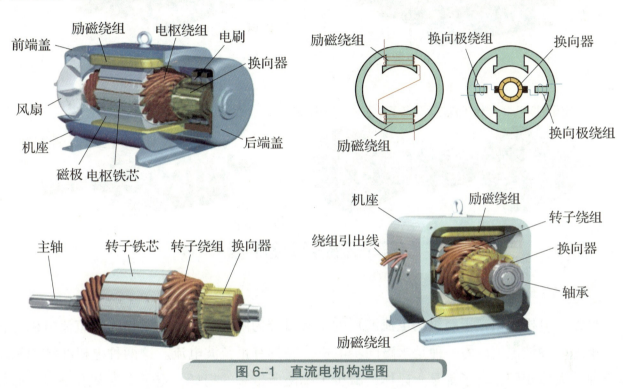

图6-1 直流电机构造图

2. 交流异步电机

交流异步电机是目前工业中应用十分广泛的一类电机,其特点是定、转子由硅钢片叠压而成,两端用铝盖封装,且二者之间没有相互接触的机械部件,结构简单,运行可靠耐用,维修方便。交流异步电机与同功率的直流电机相比效率更高,质量约轻了1/2。如果采用矢量控制的控制方式,可以获得与直流电机相媲美的可控性和更宽的调速范围。由于交流异步电机有着效率高、比功率较大、适合于高速运转等优势,因此它是目前大功率电动汽车上应用最广的电机。目前,交流异步电机已经规模化生产,有着各种类型的成熟产品可供选择。但在高速运转的情况下电机的转子发热严重,因此工作时要保证电机冷却;同时,交流异步电机的驱动、控制系统很复杂,成本也偏高,相比较于永磁式电机和开关磁阻电机而言,其效率和功率密度偏低,对于提高电动汽车的最大行驶里程不利。交流异步电机构造图如图6-2所示。

图 6-2 交流异步电机构造图

3. 永磁式电机

永磁式电机根据定子绕组的电流波形的不同可分为两种类型，一种是无刷直流电机，它具有矩形脉冲波电流；另一种是永磁同步电机，它具有正弦波电流。这两种电机在结构和工作原理上大体相同，转子都是永磁体，减少了励磁所带来的损耗，定子上安装有绕组，通过交流电来产生转矩，所以冷却相对容易。由于这类电机不需要安装电刷和机械换向结构，因此工作时不会产生换向火花，运行安全可靠，维修方便，能量利用率较高。

永磁式电机的控制系统相比于交流异步电机的控制系统来说更加简单。但是，由于受到永磁材料工艺的限制，因此永磁式电动机的功率范围较小，一般最大功率只有几十千瓦，这是永磁电机最大的缺点。同时，转子上的永磁材料在高温、震动和过流的条件下，会产生磁性衰退的现象，所以在相对复杂的工作条件下，永磁式电机容易损坏。此外，永磁材料价格较高，因此整个电机及其控制系统成本较高。永磁式同步电机构造图如图 6-3 所示。

4. 开关磁阻电机

开关磁阻电机作为一种新型电机，相比其他类型的驱动电机而言，结构最为简单，定、转子均为普通硅钢片叠压而成的双凸极结构，转子上没有绕组，定子装有简单的集中绕组，具有结构简单坚固、可靠性高、质量轻、成本低、效率高、温升低、易于维修等诸多优点。而且，它具有直流调速系统的可控性好的优良特性，同时适用于恶劣环境，非常适合作为电动汽车的驱动电机使用。开关磁阻电机构造图如图 6-4 所示。

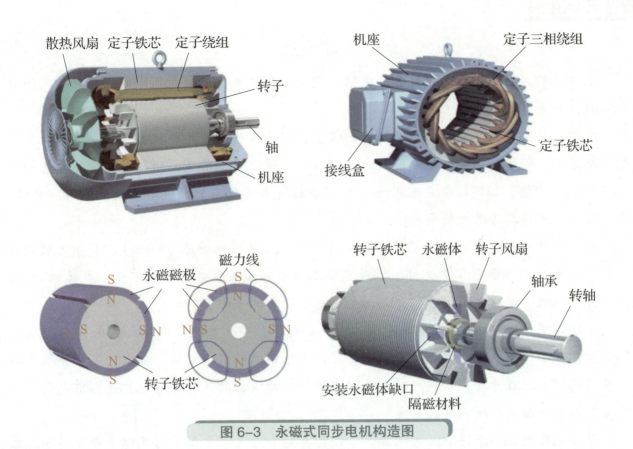

图6-3 永磁式同步电机构造图

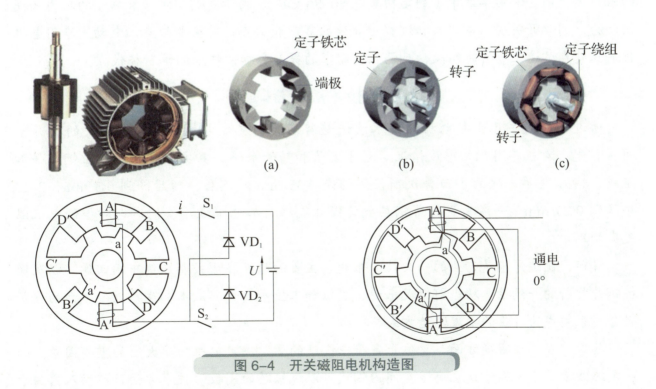

图6-4 开关磁阻电机构造图

知识拓展

技术演变

从电机的分类来看，主要有直流电机、交流异步电机、永磁式同步电机和开关磁阻电机4种，新能源汽车电机主要用到后3种。

目前，永磁式同步电机由于其较优的性能，因此成为主流的电机类型。交流异步电机的价格适中，但性能稍差，在美国及中国有部分厂商使用。而开关磁阻电机的主要优势在于其较低的价格，但同时也存在着杂音和震动的技术问题，如果这些问题能够解决的话，开关磁阻电机将具备很大的市场。

交流异步电机：虽然从目前看，交流异步电机（额定功率在79~85 kW）相比永磁式同步电机在功率方面不具备优势，但是其成本较永磁式同步电机低出不少。在体积方面，交流异步电机比永磁式同步电机更大，主要是受设计构造的限制。

永磁式同步电机：电机内部有包裹永磁体的转子，整体系统功率较大（在90~92 kW），同时体积较小。造价方面较为昂贵，主要是因为永磁材料价格较高。目前，关于降低永磁体使用的研究正在开展，研究同时也关注提升磁体的输出效能。永磁电机是当前电动汽车用电机行业中应用广泛的电机类型。

开关磁阻电机：开关磁阻电机价格非常具有竞争力，主要是因为其转子中没有高成本的永磁体，同时其功率适中（额定功率在80~86 kW）。由于是利用定子和转子的拉力来提供动力，因此开关磁阻电机运转过程中导致的震动和噪声是其主要缺点。电动汽车用电机目前正处在迅速上量的时间段，我们相信需求的提升会加快技术的革新替代。

电机技术提升方向

通过研究过去几十年电机的技术演进趋势，我们发现电机技术还有较大的提升空间。首先，看机芯用钢的厚度情况。对于定子和转子来说，其主要是由薄电磁钢层叠加组成，1997年第一代的丰田普锐斯使用的是0.35 mm的钢层，随后降到0.3 mm，2016年降到0.25 mm。一般来说，薄钢层数的提升能够增加电机效率，同时也对控制电机温度有帮助。

目前，制造薄钢是行业的一大技术难题。主要的难点在于控制压铸中的回弹，以及保持钢片材料的一致性。从当前情况来看，旋锻加工技术由于其成本和生产效率方面的优势将会越来越成为行业的主流制造方式。

其次，在绕线密度方面，总体上定子中绕线的量是决定电机功率大小的重要因素。而决定绕线量的主要因素是在有限空间内铜线可以绕机芯的圈数。技术方面目前插入器由于其适合高功率的定子加工，因此有逐渐成为行业生产标配的趋势。

在线圈类型方面，主要有方形和圆形两种。目前主流厂商使用的是圆形，但是方形技术由于具备较高的空间利用率，因此正逐渐替代圆形成为行业发展方向。丰田和本田目前已经开始批量采用方形绕线技术。其他厂商这边，安川电机已经开始研发电子绕线技术，目的是提升控制和效率（马自达已经开始试用）。

在冷却系统方面，分电机和逆变器两部分。电机方面，由于随着电机温度升高永磁电机的磁力会减弱，所以冷却系统的效率对于电机高功率运行至关重要。不从技术演变趋势看，主流的冷却技术已经从风冷、水冷，发展到目前油冷的阶段。其主要技术手段是将电机浸入到油冷室中来达到降温的目的。虽然有专家认为与油的摩擦会降低电机的效率，但是综合各方面情况，油冷依旧是目前技术条件下最有效的冷却模式。

在逆变器方面，冷却系统对于逆变器的表现也同样重要，日产聆风2017车型中，依靠提升逆变器冷却系统，将电机的输出功率从80 kW提升至110 kW，而电机其他部分均和上一代相同。这体现出了逆变器冷却系统的重要性。虽然碳化硅的使用将会使得电机的抗热和抗压性有所提升，但是其成本较高，大规模应用可能很难在短期内到来。

四、驱动电机的安装位置

电机控制器安装在整车前舱下方，下有支架托着，以吉利帝豪EV300为例，如图6-5所示。

图6-5 电机控制器安装位置

驱动电机外部电路及电机线束连接器实物图分别如图6-6及图6-7所示。

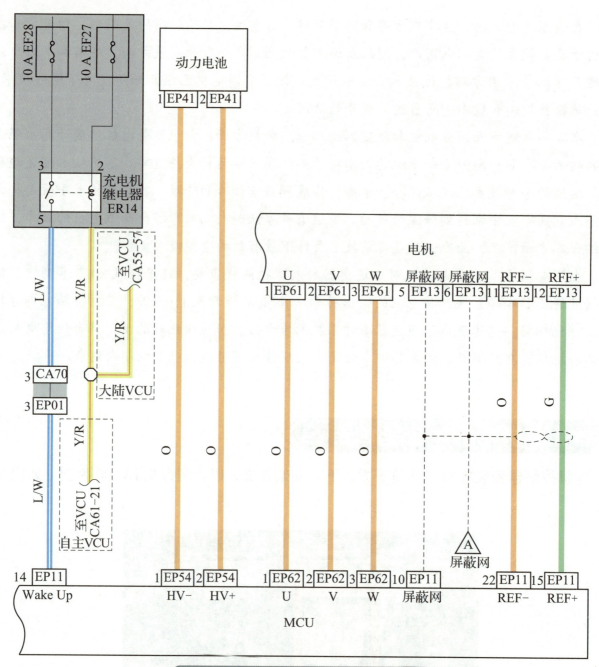

图 6-6 驱动电机外部电路

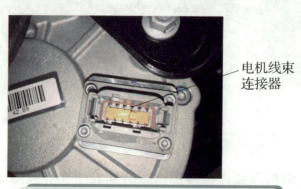

图 6-7 电机线束连接器实物图

五、检查与维护驱动电机

新能源汽车的驱动电机的维护与保养跟传统汽车大多数零部件一样,也是需要进行清洁、紧固、检查和补充等工作。驱动电机在实施日常性保养活动的时候,首先要进行清洁工作:将驱动电机表面以及线缆等地方清理干净,确保没有污垢。其次,实施紧固工作:将驱动电机的螺栓再次紧固,将驱动电机附件线束进行紧固。再次,实施检查工作:对驱动电机表面进行检查,重点观察是否有破裂或者破损的地方,线束是否出现短路和断路。最后,要对驱动电机进行安全防护检查、线束的绝缘性能检测。

任务实施

1. 工具及零件准备与检查

(1)普通(常用)工具、仪器准备与检查。

(2)绝缘防护服、绝缘胶鞋、防护眼镜、绝缘手套准备与检查,如图6-8所示。

(3)绝缘胶垫、绝缘工具、汽车钥匙保管盒、动力电池安装堵盖准备与检查。

(4)高压警示牌、二氧化碳或磷酸铵盐类灭火器、警戒线(警戒栏)准备与检查。

(5)专用维修工位接地线准备与检查。

(6)其余各种所需物料、耗材准备与检查。

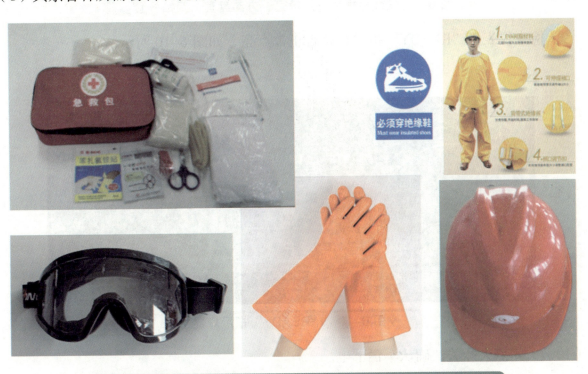

图6-8 绝缘防护服、绝缘胶鞋、防护眼镜、绝缘手套准备与检查

2. 前期准备工作

（1）环车安全检查、作业环境检查。

（2）放置警戒线（警戒栏）。

（3）放置高压警示牌。

（4）记录车辆信息。

（5）安装车轮挡块、绝缘胶垫。

（6）安装地板垫、座椅套、方向盘套、变挡杆套，如图6-9所示。

（7）确认变挡杆处于"P"位置。

（8）点火开关置于"ON"位置。

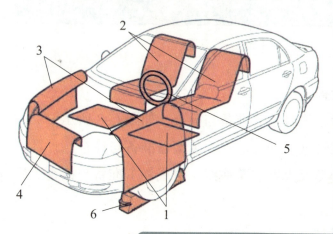

图6-9　安装地板垫、座椅套、方向盘套、变挡杆套

（9）检查仪表上"READY"指示灯是否正常点亮，如图6-10所示。

图6-10　"READY"指示灯

（10）关闭点火开关，确认车辆下电。

（11）将车辆钥匙放入汽车钥匙保管盒。

（12）取下蓄电池负极接线柱，并做好绝缘防护，如图6-11所示。

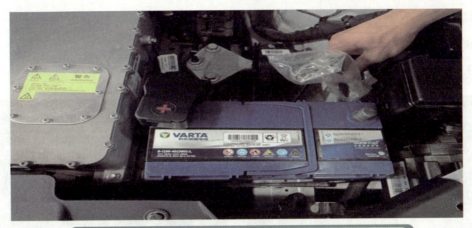

图 6-11 取下蓄电池负极接线柱,并做好绝缘防护

(13)安全规范举升车辆。

(14)确认举升机锁止。

(15)切断举升机电源,如图 6-12 所示。

图 6-12 切断举升机电源

3. 电机外观检查(车底部分)

(1)目测检查电机表面清洁情况,如图 6-13 所示。

图 6-13 目测检查电机表面清洁情况

（2）目测检查电机安装牢固、无松动。

（3）目测检查电机无擦碰情况，如图6-14所示。

（4）目测检查电机控制线情况，如图6-15所示。

图6-14 目测检查电机无擦碰情况

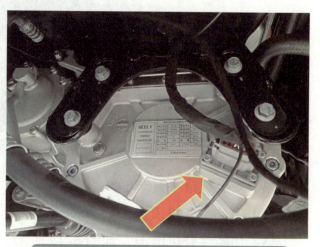

图6-15 目测检查电机控制线情况

4. 电机固定螺栓紧固（车底部分）

（1）查阅《维修手册》确认电机固定螺栓扭矩。

（2）正确选择套筒。

（3）正确调整定扭矩扳手。

（4）正确紧固电机固定螺栓，如图6-16所示。

图6-16 电机固定螺栓紧固（车底部分）

项目六 驱动电机的检查与维护

5. 电机搭铁线螺栓紧固（车底部分）

（1）查阅《维修手册》确认电机搭铁线螺栓扭矩。

（2）正确选择套筒。

（3）正确调整定扭矩扳手。

（4）正确紧固电机搭铁线螺栓，如图 6-17 所示。

（5）正确操作举升机降下车辆。

6. 电机外观检查（发动机舱部分）

（1）目测检查电机表面清洁情况，如图 6-18 所示。

（2）目测检查电机安装牢固、无松动。

（3）目测检查电机无擦碰情况。

（4）目测检查电机三相高压线束是否正常。

图 6-17 电机搭铁线螺栓紧固（车底部分）

图 6-18 电机外观检查（发动机舱部分）

7. 三相线（电机侧）固定螺栓紧固检查

（1）查阅《维修手册》确认三相线（电机侧）固定螺栓扭矩。

（2）正确选择套筒。

（3）正确调整扭矩扳手。

（4）检查三相线检查固定螺栓的紧固扭矩（电机控制器侧）是否符合标准。

（5）检查三相线检查固定螺栓的紧固扭矩（电机侧）是否符合标准，如图 6-19 所示。

图 6-19 三相线（电机侧）固定螺栓紧固检查

8. 电机绝缘电阻检测（拓展项目）

（1）本项目在操作之前须查阅《维修手册》找到电机绝缘电阻测量章节，仔细阅读每一步操作步骤。

（2）确认汽车高压下电。

（3）确认点火开关置于"OFF"位置。

（4）将汽车钥匙放置于保管盒中。

（5）断开蓄电池负极电缆。

（6）拆卸维修开关或取下高压线束连接器 EP51。

⚠ 注意：此处属于高压系统，需严格按照要求进行操作。

（7）断开电机控制器高压线线束连接器 EP54，之后等待 5 min。

（8）用万用表检测电机控制器正负极电压，如图 6-20 所示。

图 6-20　用万用表检测电机控制器正负极电压

（9）通过两值对比之后确认是否可以继续下一步的操作。

⚠ 注意：标准电压为应小于 5 V 方可进入下一步操作。

（10）拆卸电机三相线束线束连接器 EP62（电机控制器侧），如图 6-21 所示。

（11）将高压绝缘检测仪的挡位调至 1000 V。

（12）用高压绝缘检测仪测量三相线束线束连接器 EP62 的 1 号端子与电机壳体之间的电阻。标准电阻：≥ 20 MΩ。

（13）测量连接器 EP62 的 2 号端子与电机壳体之间的电阻。标准电阻：≥ 20 MΩ。

（14）测量连接器 EP62 的 3 号端子与电机壳体之间的电阻。标准电阻：≥ 20 MΩ。

（15）通过上述 3 项检测之后根据相关数据判断电机的绝缘电阻情况是否正常。

项目六　驱动电机的检查与维护

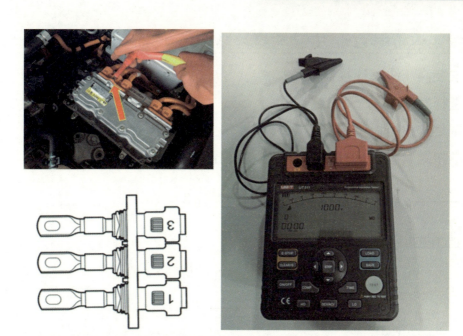

图 6-21　拆卸电机三相线束线束连接器 EP62（电机控制器侧）

9. 高压线束连接器 EP54 安装与螺栓紧固

（1）正确安装高压线束连接器 EP54。

（2）正确选择套筒。

（3）正确调整定扭矩扳手。

（4）按标准扭矩紧固 EP54 固定螺栓（电机控制器侧），如图 6-22 所示。

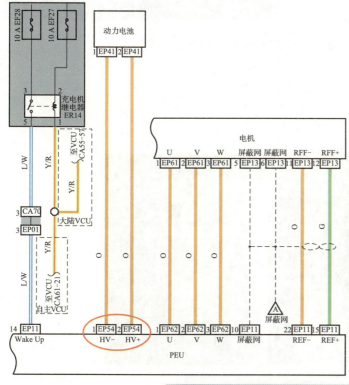

图 6-22　高压线束连接器 EP54 安装与螺栓紧固

10. 高压线束连接器 EP62 安装与螺栓紧固

（1）正确安装高压线束连接器 EP62。

（2）正确选择套筒。

（3）正确调整定扭矩扳手。

（4）按标准扭矩紧固 EP62 固定螺栓（电机控制器侧），如图 6-23 所示。

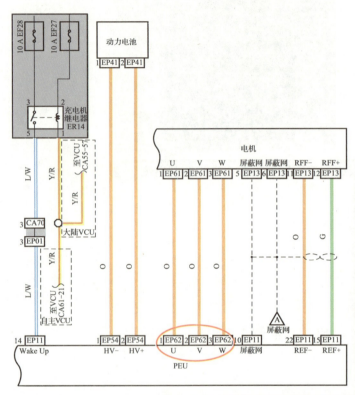

图 6-23　高压线束连接器 EP62 安装与螺栓紧固

11. 最后的安装

最后的安装如图 6-24 所示。

图 6-24　最后的安装

（1）查阅《维修手册》、车辆电路图，仔细阅读并确认安装车载充电机上的高压接头 EP51 的步骤、要求与方法。

（2）安装车载充电机上的高压接头 EP51（或安装维修开关）。

⚠️ **注意**：正式安装之前需戴上安全帽、防护眼镜、绝缘手套等，做好各种安全防护措施。

（3）连接蓄电池负极接线柱。

（4）将点火开关置于"ON"位置。

（5）观察仪表上"READY"指示灯是否正常点亮。

（6）判断车辆是否能够正常上电，关闭点火开关，车辆下电，如图 6-25 所示。

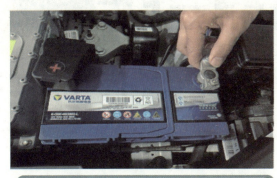

图 6-25　关闭点火开关

（7）恢复车辆及整理场地。

（8）取下车外三件套，关闭发动机舱盖。

（9）取下车内四件套，升起车窗关闭车门。

（10）移除车轮挡块。

（11）撤除警戒线（警戒栏）、高压警示牌。

（12）整理场地与工具。

项目小结

1. 驱动电机、电控系统、动力电池是电动汽车的核心部分，称为"三电"。在电动汽车上，驱动电机替代了传统汽车上的发动机和发电机。传统汽车通常是把化学能转换为机械能驱动车辆行驶，而驱动电机既可以将电能转换为机械能驱动汽车行驶，也可以作为发电机将机械能转换为电能，并存储在动力电池内。

2. 驱动电机组件主要由永磁式同步电机、旋转变压器、温度传感器、冷却循环水道和壳体等组成。驱动电机是以磁场为媒介进行机械能和电能相互转换的电磁装置，是驱动电动汽车行驶的动力装置，是动力总成的核心部件，承担着电能转化和充电的双重功能。

3. 维修人员在对驱动电机的检查与维护的过程中要注意高压安全要求，按照规范要求进行操作。

项目七
新能源汽车无法慢充充电故障

学习目标

知识目标

1. 能够描述新能源汽车慢充充电系统的工作原理。
2. 能够描述新能源汽车的充电接口的类型和通信协议。
3. 能够描述新能源汽车慢充充电系统常见的故障和检修方法。

技能目标

1. 能够进行新能源汽车无法慢充充电的常规检查。
2. 能够掌握诊断仪的使用与故障数据分析方法。

素养目标

1. 能够制订工作计划,独立完成工作学习任务。
2. 能够在工作过程中,与小组其他成员合作、交流并进行学习任务分工,具备团队合作和安全操作的意识。
3. 养成服从管理、规范作业的良好工作习惯。
4. 培养安全工作的习惯。

任务导入

一辆 2018 年产的吉利帝豪新能源轿车行驶了 50 000 km,用户反映无法用随车充电盒慢充充电,你能判断故障原因并进行检修吗?

项目七 新能源汽车无法慢充充电故障

理论知识

一、慢充充电系统的组成、原理及充电控制过程

1. 组成

慢充充电系统主要由供电设备（充电桩）、慢充接口、车载充电机、高压控制盒、动力电池、整车控制器、高压线束和低压控制线束等组成，如图7-1所示。

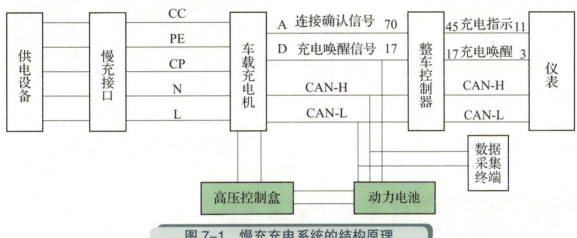

图7-1 慢充充电系统的结构原理

2. 原理

充电枪连接通过车载充电机（充电器）反馈到整车控制器，再唤醒仪表显示连接状态（负触发）；同时，唤醒整车控制器和动力电池管理模块（正触发），整车控制器唤醒仪表启动显示充电状态（负触发）；正、负主继电器由整车控制器发出指令，由动力电池管理模块控制闭合。

慢充充电系统工作电路如图7-2所示，充电桩通过CC连接确认信号后，把S1开关从12 V端切换到PWM端；当检测点1电压降到6V时，充电桩K1/K2开关闭合输出电流。

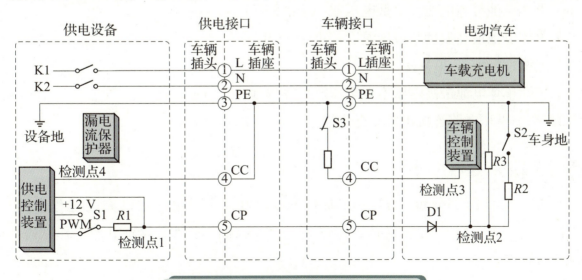

图7-2 慢充充电系统工作电路

81

3. 充电控制过程

慢充充电控制过程如图 7-3 所示。

（1）交流供电。

（2）充电唤醒。

（3）BMS 检测充电需求。

（4）BMS 给车载充电机发送工作指令并闭合继电器。

（5）车载充电机开始工作，进行充电。

（6）电池检测充电完成后，给车载充电机发送停止指令。

（7）车载充电机停止工作。

（8）电池断开继电器。

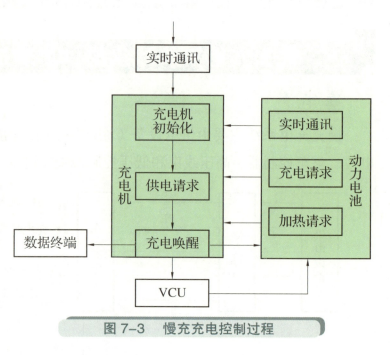

图 7-3　慢充充电控制过程

二、慢充条件及各低压部分要求

1. 慢充条件

（1）充电线连接确认信号正常。

（2）充电机供电电源正常（含 220 V 和 12 V）及充电机工作正常。

（3）充电唤醒信号输出正常（12 V）。

（4）充电机、VCU、BMS 之间通信正常（主继电器闭合、发送电流强度需求）。

（5）动力电池电芯温度在 0~45 ℃之间。

（6）单体电池最高电压与最低电压差小于 0.3 V。

（7）单体电池最高温度与最低温度差小于 15 ℃。

（8）绝缘性能大于 20 MΩ。

（9）实际单体电池最高电压不大于额定单体电池电压 0.4 V。

（10）高、低压电路连接正常（远程控制开关关闭状态）。

2. 车载充电器低压部分

车载充电器低压部分包括 12 V 电源（低压蓄电池）供电，在供充电过程中的 BMS、VCU、仪表等用电，以及 CAN 通信，BMS 通过 CAN 通信控制车载充电器工作状态。CAN 网络系统如图 7-4 所示。

项目七 新能源汽车无法慢充充电故障

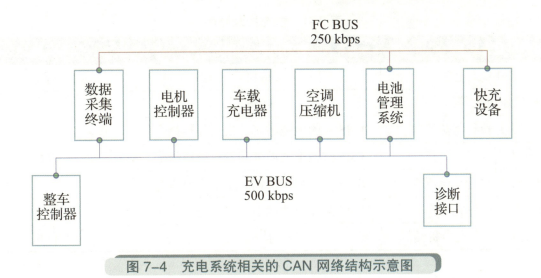

图 7-4 充电系统相关的 CAN 网络结构示意图

3. DC/DC 转换器低压部分

通过使能控制 DC/DC 转换器开关机，12 V 电源提供整车低压系统用电。低压充电系统控制方式如图 7-5 所示。

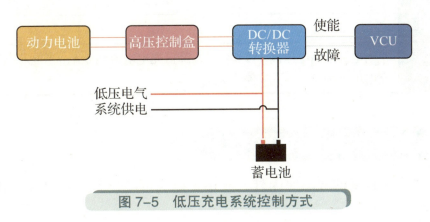

图 7-5 低压充电系统控制方式

4. 其他相关的低压部分

其他相关的低压部分包括充电接口相关低压部分等。

三、慢充控制

1. 充电系统控制过程

作为纯电动汽车的核心，动力电池的充电过程由 BMS 进行控制及保护。车载充电机工作状态及指令均由 BMS 发出的指令进行控制，包括工作模式指令、动力电池允许最大电压、充电允许最大电流、加热状态电流值。快充和慢充均采用恒流 - 恒压充电方法，在不同温度范围内，以恒定电流充电至动力电池组总电压或最高单体电池电压达到此温度条件下的规定电压值，以恒定电压充电至电流小于 0.8 A 后停止充电。慢充控制顺序如表 7-1 所示。

表 7-1 慢充控制顺序

车载充电器	动力电池及 BMS	VCU、仪表及数据采集终端
220 V 上电	待机	待机
12 V 低压供电等待指令	唤醒	
接收指令并执行加热流程	BMS 检测电池状态并发送加热指令	唤醒
接收指令并停止工作	BMS 监控电池温度并发送停止指令	
接收指令并执行充电流程	BMS 待充电器反馈后发送充电指令	
接收指令并停止工作	BMS 监控电池状态并发送完成指令	
完成后 1 min 控制充电桩结算	待机	待机

2. 充电温度与充电电流的要求

慢充充电温度与充电电流要求（车载充电器模式下充电要求）如表 7-2 所示。

表 7-2 慢充充电温度与充电电流要求

温度 /℃	<0	0~55	>55
可充电电流 /A	0	10	0
备注	当电芯最高电压高于 3.6 V 时，降低充电电流到 5 A；当电芯电压达到 3.7 V 时，充电电流为 0 A，请求停止充电		

四、新能源汽车的充电接口

除了是新能源汽车自身的故障原因外，充不了电也可能是因为充电接口和通信协议出现了问题。

1. 充电接口

对于充电接口，全球存在美、欧、中、日四大标准，因此各车企在配置适合各自技术路线的同时对充电接口也进行了区别设计。例如，欧洲 Combo 接口、日本 CHAdeMO 接口、特斯拉的充电接口、部分美系和德系采用的 CCS 接口、中国的 GB/T 20234 接口，这就意味着目前国外的车从硬件接口上就无法与国内充电桩进行连接，如特斯拉就只能通过自己建充电站来保证其在中国的市场推广。目前，国际上 4 种充电接口标准对于中国的国标 GB/T 20234，规定了交流与直流接口的标准，交流接口采用的是七针的设计，直流接口采用的九针的设计，国内车企都是遵循这个标准进行设计的。但是，早期一些车企考虑到电池寿命延长，某些车型没有设计直流充电的接口，一些车主在公共充电桩遇到了直流桩充不了电的情况，这也是正常的。需要说明的是，并非所有新能源车型都同时采用直流和交流两种接口，有些车型如比亚迪 E6 等，只提供交流慢充接口。国际上 4 种充电接口标准如表 7-3 所示。

表 7-3 国际上 4 种充电接口标准

充电电流	美国 Type 1	欧洲 Type 2	中国 GB	日本 JP
交流	SAE J1772/IEC62196-2	IEC62196-2	GB/T 20234.2-2015	IEC62196-2
直流	IEC62196-3	IEC62196-3	GB/T 20234.3-2015	CHAdeMO/IEC62196-3
组合式	SAE J1772/IEC62196-3	IEC62196-3		

我国采用的七针交流慢充充电口如图 7-6 所示，针脚定义如下：

CP：控制确认线；

CC：充电连接确认；

N：（交流电源）；

L：（交流电源）；

PE：车身地（搭铁）；

NC1、NC2：空。

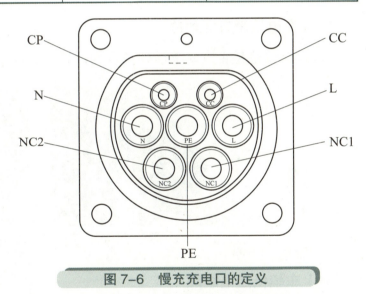

图 7-6 慢充充电口的定义

五、新能源汽车充电系统常见慢充故障及检修方法

1. 充电系统指示灯红灯点亮

以帝豪 EV300 新能源汽车为例，充电指示灯如图 7-7 所示。

交流充电插座与插枪常见故障与检修方法如下。

1）车辆没有下电

车辆没有下电不能进行充电操作。

检修方法：

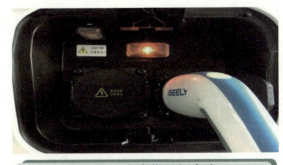

图 7-7 充电指示灯点亮

检查车辆钥匙是否取下，如果还没有，需要取下钥匙。

2）交流充电插座电压故障

交流插座与插头接触不良、松动或者短路。

检修方法：

用万用表交流电压挡测量插座的交流电压是否有220 V，假如没有电压，需检查插座内部接线情况和线路是否有电；假设是正常的，则重新将插头与插座连接到位，如图7-8所示。

图7-8　220 V插座插头插到位

3）充电枪没有插到位

检查充电枪是否按要求插到指定的位置，如图7-9所示。

图7-9　充电枪插到位

4）车辆低压电故障

检查动力电池正负极电缆是否连接到位、是否松动，动力电池电压是否符合要求（12 V）。

检修方法：

用手去晃动动力电池电缆，如果松动需加固接头螺栓。用万用表直流电压挡测量动力电池接头的电压，如图7-10所示。

2. 充电系统指示灯红灯点亮，CC连接线故障

1）CC充电连接确认故障

用车辆诊断仪通过数据流检查CC线连接情况，步骤如下。

图7-10　动力电池电压测量

（1）点火开关关闭确认，车辆下电确认。

（2）将充电器与车辆、充电器与家用充电插座正常连接。

（3）正确安装汽车电脑故障诊断仪，并确认仪器正常。

（4）将车辆电脑故障诊断仪与电脑连接，诊断接口如图 7-11 所示。

图 7-11　诊断接口

（5）电脑故障诊断仪读出数据，如图 7-12 所示。

图 7-12　诊断仪读数据

2）CC 信号线检查

（1）查阅《维修手册》、车辆电路图，仔细阅读并确认对 CC 信号检查的步骤、要求与方法。

（2）关闭点火开关，确认车辆下电。

（3）将车辆钥匙放入汽车钥匙保管盒。

（4）取下蓄电池负极。

（5）拆下车载充电机上的高压接头 EP51（或取下维修开关），如图 7-13 所示。

⚠ 注意：正式拆除之前需戴上绝缘手套等，做好各种安全防护措施。

图 7-13　拆下车载充电机上的高压接头 EP51

（6）连接蓄电池负极接线柱。

（7）通过《维修手册》查找辅助控制器线路图，如图7-14所示。

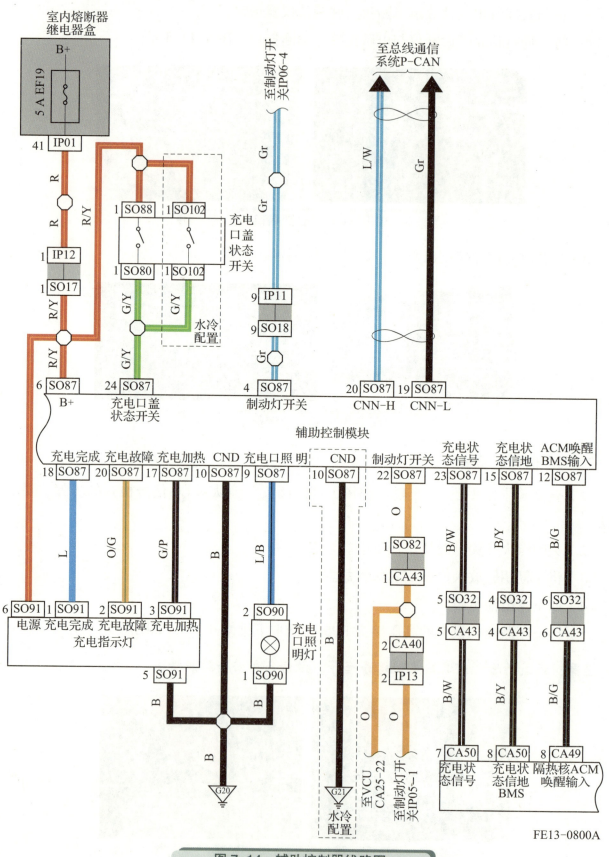

图7-14 辅助控制器线路图

（8）按照《维修手册》的指引，在汽车上找到辅助控制模块，如图7-15所示。

（9）断开辅助控制器线束连接器SO87。

（10）按照《维修手册》的指引，在汽车上找到交流充电接口线束连接器，EP21线束接口如图7-16所示。

（11）断开交流充电接口线束连接器EP21。

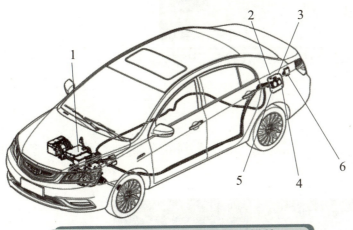

图7-15　车ACM辅助控制模块

1—车载充电机（如配备）；2—充电接口照明灯；
3—充电接口指示灯；4—交流充电接口（如配备）；
5—直流充电接口；6—辅助控制器（ACM）

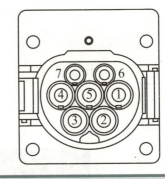

图7-16　EP21线束接口

（12）用万用表测量辅助控制器线束连接器SO87端子13和交流充电接口EP21端子6之间的电阻。连接器SO87端子13与充电接口EP21端子6如图7-17所示。

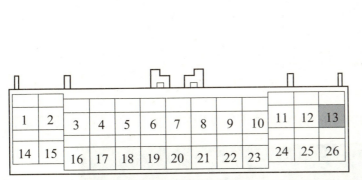 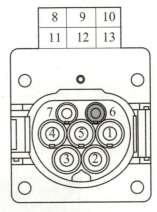

图7-17　连接器SO87端子13与充电接口EP21端子6

3）CC连接线故障排除

（1）查阅《维修手册》、车辆电路图，仔细阅读并确认安装车载充电机上的高压接头EP51的步骤、要求与方法。

（2）安装车载充电机上的高压接头EP51（或取下维修开关），如图7-18所示。

⚠ **注意：** 正式安装之前需戴上安全帽、防护眼镜、绝缘手套等，做好各种安全防护措施。

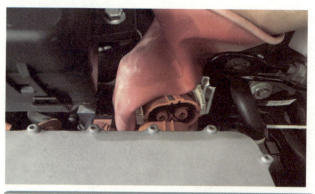

图 7-18　安装车载充电机上的高压接头 EP51

（3）连接蓄电池负极接线柱。

（4）将点火开关置于"ON"位置。

（5）观察仪表上"READY"指示灯是否正常点亮，并以此判断车辆是否能够正常上电，如图 7-19 所示。

图 7-19　"READY"指示灯点亮

（6）关闭点火开关，车辆下电。

3. 充电系统指示灯红灯点亮，CP 连接线故障

1）CP 控制确认线故障

用车辆诊断仪通过数据流检查 CP 线连接情况，如图 7-20 所示，具体步骤如下。

图 7-20　通过数据流检查 CP 线连接情况

（1）查阅《维修手册》、车辆电路图，仔细阅读并确认对 CP 信号检查的步骤、要求与方法。

（2）关闭点火开关，确认车辆下电。

（3）将车辆钥匙放入汽车钥匙保管盒。

（4）取下蓄电池负极，如图 7-21 所示。

（5）拆下车载充电机上的高压接头 EP51（或取下维修开关），如图 7-22 所示。

⚠ 注意：正式拆除之前需戴上安全帽、防护眼镜、绝缘手套等，做好各种安全防护措施。

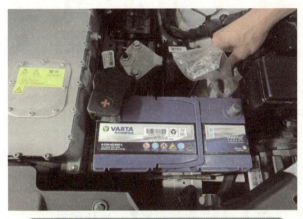

图 7-21　取下蓄电池负极

图 7-22　拆下高压接头 EP51

2）CP 信号线检查

（1）连接蓄电池负极接线柱，如图 7-23 所示。

（2）通过《维修手册》查找辅助控制模块在车辆上的位置，如图 7-24 所示。

⚠ 注意：正式拆除之前需戴上安全帽、防护眼镜、绝缘手套等等做好各种安全防护措施。

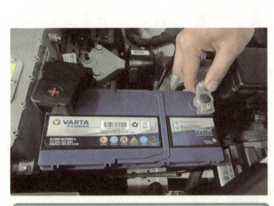

图 7-23　连接蓄电池负极接线柱

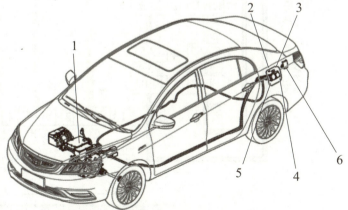

图 7-24　辅助控制模块在车上的位置

1—车载充电机（如配备）；2—充电接口照明灯；
3—充电接口指示灯；4—交流充电接口（如配备）；
5—直流充电接口；6—辅助控制器（ACM）

（3）按照《维修手册》的指引，找到辅助控制模块线路图，如图7-25所示。

（4）断开辅助控制器线束连接器SO87，如图7-26所示。

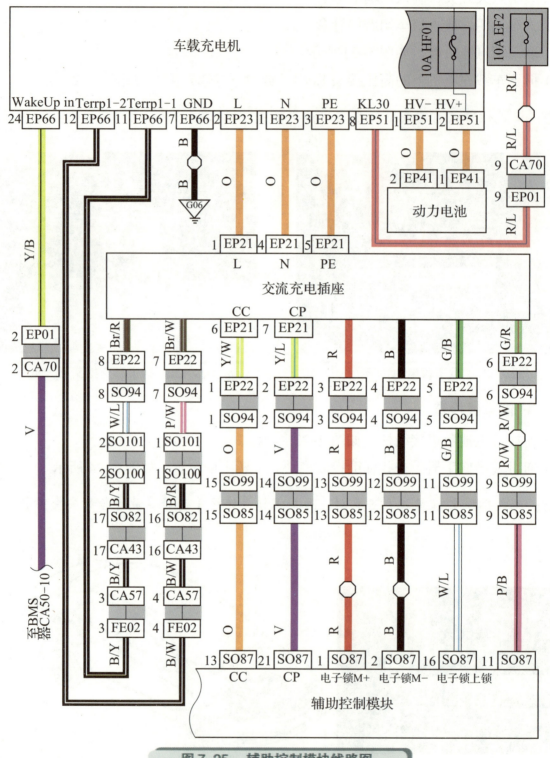

图7-25　辅助控制模块线路图

图 7-26　断开辅助控制器线束连接器 SO87

（5）按照《维修手册》的指引，在汽车上找到交流充电接口线束连接器。

（6）断开交流充电接口线束连接器 EP21。

（7）用万用表测量辅助控制器线束连接器 SO87 端子 21 和交流充电接口 EP21 端子 7 之间的电阻，如图 7-27 所示。

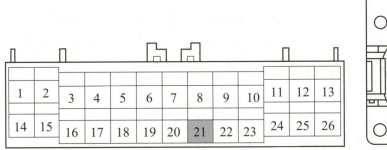
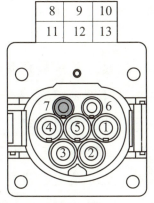

图 7-27　连接器 SO87 端子 21 与充电接口 EP21 端子 7

3）完成后操作

（1）查阅《维修手册》、车辆电路图，仔细阅读并确认安装车载充电机上的高压接头 EP51 的步骤、要求与方法。

（2）安装车载充电机上的高压接头 EP51（或取下维修开关）。

⚠ **注意：** 正式安装之前需戴上安全帽、防护眼镜、绝缘手套等，做好安全防护措施。

（3）连接蓄电池负极接线柱，如图 7-28 所示。

（4）将点火开关置于"ON"位置。

（5）观察仪表上"READY"指示灯是否正常点亮，并以此判断车辆是否能够正常上电，如图 7-29 所示。

（6）关闭点火开关，车辆下电。

图 7-28 连接蓄电池负极

图 7-29 观察仪表上"READY"指示灯是否正常点亮

项目小结

1. 慢充充电是电动汽车补充能量的方式之一，也是可以延长动力电池的寿命最佳使用方式，需要将外部 220 V 的交流电转换为适合动力电池的直流电对车辆进行充电。慢充充电在使用中经常会出现如交流充电插座、插枪连接松动，CC 连接线、CP 连接线接触不良等故障。

2. CC 连接线是车载充电机的连接确认信号线，通过检测 CC 信号的一个电压情况来判断交流充电器是否已经插好，并且 CC 信号线里面枪头上还有一个 RC 电阻，这个 RC 电阻反映了充电枪电缆的容量。CC 信号线出问题是不能进行慢充充电的。

3. CP 连接线是慢充充电连接引导线，引导充电桩与车载充电机的连接。如果 CP 连接线有故障，也不能进行慢充充电。

项目八

车辆无法上电

学习目标

知识目标

1. 能够掌握新能源汽车不上电的常规检修方法。
2. 能够掌握新能源汽车不上电的综合故障检修方法。
3. 能够分析诊断仪数据流的工作情况。

技能目标

1. 能够进行新能源汽车不上电的维修操作。
2. 能够完成新能源汽车不上电的故障排除。

素养目标

1. 能够制订工作计划,独立完成工作学习任务。
2. 能够在工作过程中,与小组其他成员合作、交流并进行学习任务分工,具备团队合作和安全操作的意识。
3. 养成服从管理、规范作业的良好工作习惯。
4. 培养安全工作的习惯。

任务导入

一辆新能源汽车"READY"指示灯不亮不上电,如图8-1所示,假如你是4S店的维修专家,应该怎样对电动汽车进行故障判断和维修呢?

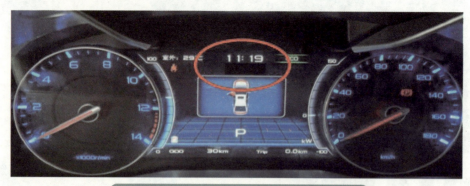

图 8-1 "READY"指示灯不亮

理论知识

新能源汽车的常见故障有车辆合法性及钥匙电量不足故障，车辆蓄电池电压不足故障，发动机舱各处高压零部件外观及插接器接触不良故障等。

一、车辆合法性及钥匙电量情况检查

1. 钥匙遥控检查步骤

（1）走近车辆（1.6 m 范围内）直接拉动两前车门外把手，检查车门是否解锁并开启。

（2）按下遥控器上的解锁键 1 次，4 门解锁，转向灯闪烁 3 次确认，内灯渐亮，位置灯点亮。按下遥控器上的上锁键 1 次，4 门上锁，转向灯闪烁确认，内灯渐灭，位置灯熄灭。长按行李箱开启键 2 s 以上，行李箱弹开。

（3）如果上述检查不正常则需要更换遥控器内的电池。

（4）将车辆钥匙带入车内按下起动开关按钮，组合仪表提示"未检测到智能钥匙"（此时有可能为钥匙非法），如图 8-2 所示。

图 8-2 起动开关按钮

因 IMMO 认证失败，汽车防盗电脑无法检测到智能钥匙信号。因此需要踩下刹车踏板，同时将挡位挂到 P/N 挡位才能起动。

方向盘锁定系统上锁失败，如图8-3所示。

图8-3 显示方向盘锁定系统上锁失败

2. 车辆蓄电池检查步骤

（1）检查蓄电池外观是否正常，正负极接线柱是否连接正常。

（2）使用数字式万用表对车辆蓄电池进行检查，如图8-4所示。

（3）记录蓄电池电压检查情况。

图8-4 用万用表检测蓄电池电压

二、发动机舱各处高压零部件外观检查

高压零件检查步骤如下。

（1）戴上安全帽、防护眼镜、绝缘手套等，做好各种安全防护措施。

（2）目测检查发动机舱内各处高压线束外观是否正常，如图8-5所示。

（3）检查车载充电机外观及其各高压插头是否安装正常、外观是否正常。

（4）检查电机控制器外观及其各高压插头是否安装正常、外观是否正常，如图8-6所示。

图8-5 检查发动机舱内各处高压线束连接

（5）检查 PTC 外观及其高压插头是否安装正常、外观是否正常。

（6）检查空调压缩机外观及其高压插头是否安装正常、外观是否正常。

（7）检查电机外观及其高压插头是否安装正常、外观是否正常，必要时可举升车辆，如图 8-7 所示。

图 8-6　检查电机控制器线束连接

图 8-7　检查电机外观及线束

三、IG1/IG2 继电器故障（以吉利帝豪 EV300 为例）检查

IG1/IG2 继电器及继电器供电情况检查步骤如下。

（1）查阅《维修手册》，确认 IG1/IG2 继电器所在位置。

（2）点火开关置于"OFF"位置。

（3）目测检查 IG1/IG2 继电器外观情况并记录，如图 8-8 所示。

图 8-8　目测检查 IG1/IG2 继电器

（4）取下 IG1/IG2 继电器，使用数字式万用表检查继电器情况并记录。

（5）查看线路图分析 IG1/IG2 继电器的主要作用，如图 8-9 所示。

项目八　车辆无法上电

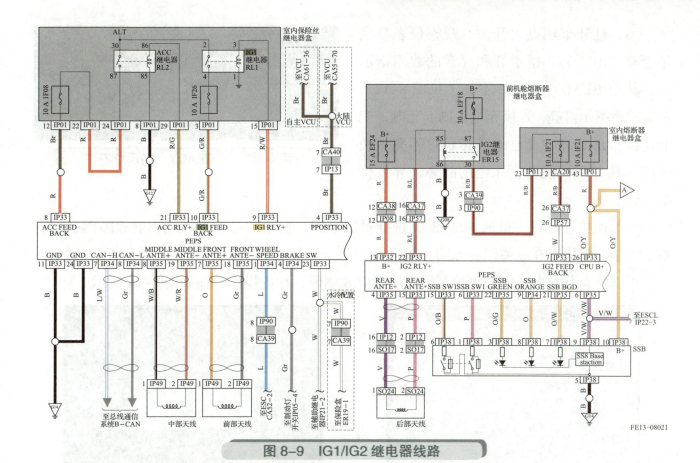

图 8-9　IG1/IG2 继电器线路

（6）点火开关置于"ON"挡位。

（7）检查 IG1 继电器座供电情况。

（8）检查 IG2 继电器座供电情况，如图 8-10 所示。

（9）点火开关置于"OFF"挡位。

图 8-10　检查 IG1/IG2 继电器情况

四、新能源汽车综合故障

1. 仪器故障码、数据流检查步骤

（1）点火开关关闭确认，车辆下电确认。

（2）将充电器与车辆、充电器与家用充电插座正常连接。

图 8-11　安装汽车电脑故障诊断仪

（3）正确安装汽车电脑故障诊断仪，并确认仪器正常，如图 8-11 所示。

（4）找到车辆电脑故障诊断接口。

（5）将汽车电脑故障诊断仪与接口正确连接。

（6）打开车辆点火开关，观察仪表显示是否有"READY"指示灯和异常的故障指示灯。其中 READY 指示灯不亮（见图 8-12）、系统故障指示灯亮；连接充电枪刷卡充电，充电连接指示灯亮，充电故障指示灯不亮，说明该车辆存在不能上高压电的故障，导致整车无法上电。

图 8-12　"READY"指示灯不亮

（7）连接诊断仪（道通 MS908），选择对应车型，自动扫描全车系统读取故障码，发现整车控制器模块存在故障码，如图 8-13 所示。

再选择车载充电机即充电控制器模块读取故障码，相应操作界面如图 8-14 所示。

图 8-13　整车控制器有故障

图 8-14　充电控制器模块有故障

2. 故障判断

根据以上故障现象及故障码，可初步分析该车的故障原因有以下几点：①车载充电机低压线束出现短路或断路故障；②车载充电机高低压插头接触不良；③车载充电机自身出现故障。通过查阅《维修手册》得知，该车的控制原理为整车高压上电前先依赖 12 V 的低压蓄电池为低压线路供电，在高压上电后，动力电池的高压电将从动力电池依次传输到分线盒与电机控制器，电机控制器驱动电机运转并为低压蓄电池供电，保证车辆的稳定运行，其高压电传递线路如图 8-15 所示。同时，在交流充电过程中，首先通过车载充电机将交流电转换为直流电，经过分线盒为动力电池充电，其充电流量传递线路如图 8-16 所示。而该车的分线盒集成在车载充电机中，所以当分线盒出现故障时，也会存在车载充电机的故障码，由此可以解释该车出现以上故障码时既不能上电也不能充电的现象。

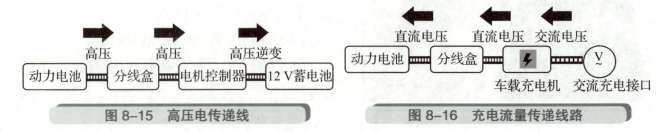

图 8-15　高压电传递线　　　　图 8-16　充电流量传递线路

根据以上故障原因分析和高压上电、充电原理分析，对该车的故障原因依次排除。首先，关闭点火开关，拆卸蓄电池负极，并做好绝缘防护措施，检查前机舱各模块的高低压连接件插接是否正常，由此可以排除车载充电机高低压接插件接触不良的故障。其次，对车载充电机的低压线束进行检查，此时需要借助整车的电路与《维修手册》进行故障的诊断，然后根据车载充电机的电路图和低压线束连接器端子的读法，用万用表先对车载充电机的电源线束进行电阻测量；若均处于正常范围，再对车载充电机的通信网络进行排查其 P-CAN-H 对 P-CAN-L 电阻；若为 56 Ω，则属于正常值，再测量 P-CAN 网络对地电阻；若为 5.9 kΩ，则属于正常值；由此断定整车 P-CAN 网络正常，排除车载充电机的通信故障。再分析电路图可以发现该车有一个唤醒信号，是在充电过程中，当辅助控制模块感应到插枪刷卡充电时，ACM 唤醒 BMS 对电池的信息进行采集，再由 BMS 唤醒 OBC（车载充电机）将交流电转化为直流电给动力电池充电；所以，该唤醒线出现断路也会产生一定的影响，通过测量该线束电阻正常，其电压为 12 V，为正常电压范围，由此排除唤醒线断路故障。最后，基于上述检测和故障分析，诊断结果指明 OBC 自身存在故障。通过询问学生是否存在不规范操作，发现学生在测量过程中，没有拆下蓄电池负极测电阻，途中测量表笔在测 OBC 常电线时不小心对地短路出现了火花，这一情况更充分地说明 OBC 因为电源对地短路，导致其内部发生故障。

根据上述故障的诊断，需对该车辆进行车载充电机的更换，以下是更换车载充电机的步骤：①打开机舱盖，断开蓄电池负极电缆，做好防护措施；②断开车载充电机的高低压线束连接器，拆卸车载充电机搭铁；③拆卸车载充电机的固定螺栓，拆卸车载充电机进出水管，放出冷却液；④取出车载充电机总成，以与拆卸的相反顺序安装新的车载充电机。在安装和拆卸过程中需要注意按规定的扭矩拆卸和安装固定螺栓，高低压插接件在断开后应该做好绝缘防护措施，高低压接插件的安装应该遵循"一插，二响，三确认"的原则。更换完成后，再次确认无误，则检查接插件安装情况。安装蓄电池负极，打开点火开关后，仪表显示正常，连接诊断仪读取故障码，显示无故障，表明该车的故障已经排除。

项目小结

1. 新能源汽车不上电的故障根据电动车的技术特性和控制特性，可分为 3 类：钥匙信号故障、低压电控制系统故障、高压电系统故障。

2. 钥匙信号故障是极其简单的故障，但是往往很多人容易忽略。低压电控制系统故障出现的机会比较多，根据其工作原理来看主要由 12 V 的低压电提供工作电压使系统的控制器能正常工作，如果低压电部分有故障直接影响电动汽车的正常使用。高压电系统各高压模块如果出现某个环节断路会直接影响通信网络工作，使得上电条件不满足导致电车不能上电。

项目九
新能源汽车发动机舱及底盘常规检查

学习目标

知识目标

1. 能够掌握新能源汽车发动机舱的检查方法。
2. 能够掌握新能源汽车底盘的检查方法。
3. 能够掌握新能源汽车的检查注意事项。

技能目标

1. 能够进行发动机舱检查的操作。
2. 能够进行底盘检查的操作。

素养目标

1. 能够制订工作计划，独立完成工作学习任务。
2. 能够在工作过程中，与小组其他成员合作、交流并进行学习任务分工，具备团队合作和安全操作的意识。
3. 养成服从管理、规范作业的良好工作习惯。
4. 培养安全工作的习惯。

任务导入

一台帝豪EV300新能源汽车行驶了20 000 km，假如你是4S店里面的维修师傅，应该如何正确地对发动机舱及底盘进行常规检查呢？

理论知识

新能源汽车与传统汽车有一定差异，掌握新能源汽车发动机舱、底盘的结构组成及安全工具绝缘工具使用方法，才能对车辆进行检查保养。

一、新能源汽车的概况

新能源汽车是指采用非常规车用燃料作为动力源（采用新型车载动力装置），综合车辆的动力控制和驱动方面的先进技术，形成的技术原理先进、具有新技术和新结构的车辆。新能源汽车包括混合动力电动汽车、纯电动汽车（包括太阳能汽车）、燃料电池电动汽车、氢发动机汽车、其他新能源（如高效储能器）汽车等。新能源汽车在结构上与传统汽车的最大区别是动力系统增加了电池、电机电控系统等组件，如图9-1所示。

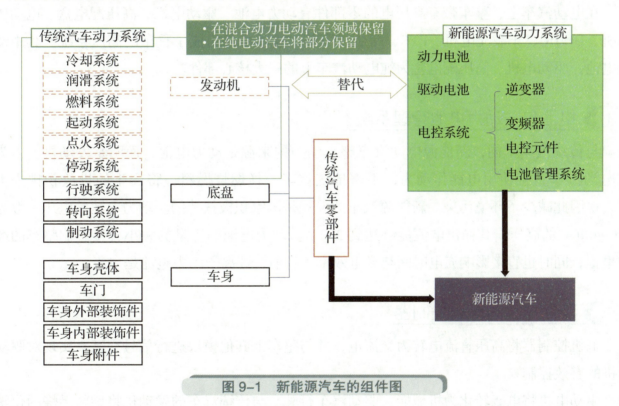

图9-1 新能源汽车的组件图

二、新能源汽车的组成

新能源汽车构造图，如图9-2所示。

电池相当于传统汽车的发动机，是动力的来源，也是存储电源的部件（存储的是直流电），具备高能量、高密度、高循环的特性。现在车用电池用得最多就是三元锂电池和磷酸铁锂电池。

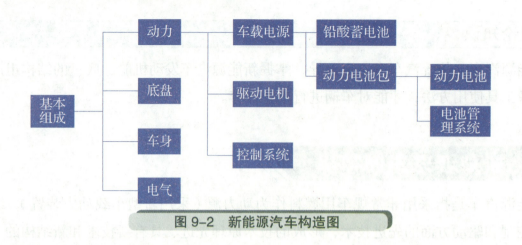

图 9-2 新能源汽车构造图

三、高压部件

在电动汽车上，整车带有高压电的零部件有动力电池、驱动电机、高压配电盒、电动压缩机、DC/DC、车载充电机、PTC、高压线束等，这些部件组成了整车的高压系统。其中动力电池、驱动电机、高压配电盒为纯电动汽车上的三大核心部件。

1. 电池包与动力电池管理系统

与传统汽车不同，新能源电动汽车整车动力的来源是动力电池，而不是发动机。因为纯电动汽车直接使用电能作动力，不需传统汽车一样燃烧燃料，将产生的排放物排进大气，也因此减少了环境污染。新能源汽车的发展是国家积极扶持的。动力电池的电压一般为 100~400 V 的高压，其输出电流能够达到 300 A。动力电池的容量的大小直接影响整车的续驶里程，同时也直接影响充电时间与充电效率。目前，锂离子动力电池是主流。

2. 驱动电机与电机控制器

电机控制器将高压直流电转为交流电，并与整车上其他模块进行信号交互，实现对驱动电机的有效控制。

驱动电机将电能转化为机械能，驱动汽车行驶。与传统汽车的发动机将燃料燃烧的化学能转为机械能不同，其工作效率更高，能达到 85% 以上。

3. 高压配电盒

高压配电盒是整车高压电的一个电源分配的装置，类似于低压电路系统中的电器保险盒。高压配电盒是由很多高压继电器、高压熔断器组成，它内部还有相关的芯片，以便同相关模块实现信号通信，确保整车高压用电安全。

4. 车载充电机

车载充电机是一个将交流电转为直流电的装置。因为电池包是一个高压直流电源，当使用交流电进行充电的时候，交流电不能直接被电池包进行电量储存，所以需要将高压交流电转为高压直流电，从而给动力电池进行充电。

5. DC/DC

在新能源汽车上，DC/DC 是一个将高压直流电转为低压直流电的装置。纯电动汽车上没有发动机，整车用电的来源也不再是发电机和蓄电池，而是动力电池和蓄电池。由于整车用电器的额定电压是低压，因此需要 DC/DC 装置来将高压直流电转为低压直流电，这样才能够保持整车用电平衡。

四、维修注意事项

（1）注意高压系统部件警示标签，带有"D"字样的警示标签表示有高压部件或者高压导电。

（2）在开始检修新能源汽车时，必须要保证工作地点的安全，因此必须把高压电警示牌放在容易看到的地方以提醒大家注意高压的危险性。

（3）维修或保养新能源汽车必须经过资格培训，参加考试并且获得资格证书。

（4）进行新能源汽车检查时，注意所有橙色线均带高压可能危及生命；不得将喷水软管和高压清洗装置直接对准高压部件，高压接头上不可使用机油、润滑脂和触点清洗剂等；在高压导电部件附件检修工作时必须先让系统断电。

（5）对高压系统零件检查时必须戴好绝缘手套，用好保护性工具。

五、新能源汽车高压安全保护工具

1. 绝缘手套

使用橡胶制成的电工绝缘手套能够承受 1000 V 以上的工作电压，具备抗碱性。绝缘手套使用前先确保其外观完好，无破损并在使用有效期内；需要定期检查气密性，如漏气则不能使用，而且在每次使用前必须自行进行泄漏检查，如图 9-3 所示。

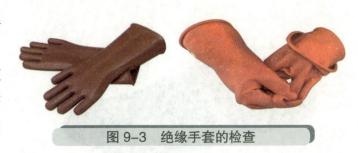

图 9-3 绝缘手套的检查

2. 绝缘防护服

维修电动汽车高电压系统时，必须穿绝缘防护服，绝缘防护服可防 10 000 V 以下电压，阻燃、耐热、耐压、耐老化，以保护操作人员，如图 9-4 所示。

3. 护目镜

戴上合适的眼部防护器具，以防止电池液飞溅入眼。高压电车辆维修用的护目镜应该具有侧面防护功能，防止维修过程中产生的电火花伤害眼睛，如图 9-5 所示。

图 9-4　绝缘防护服

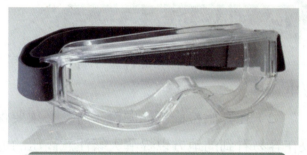

图 9-5　护目镜

4. 绝缘安全鞋

绝缘安全鞋（靴）的作用是使人体与地面绝缘，防止电流通过人体造成电击伤害，把触电时的危险降低到最低程度。因为触电时电流是经接触点通过人体流入地面的，所以电气作业时不仅要戴绝缘手套，还要穿绝缘鞋，如图 9-6 所示。

5. 绝缘地垫

绝缘地垫通常在新能源汽车进行带电作业时使用，主要采用胶类或泡沫绝缘材料制作，如图 9-7 所示。

图 9-6　绝缘鞋

图 9-7　绝缘地垫

6. 绝缘维修工具

绝缘维修工具是使用绝缘材料进行加工并适用于电气管理中的工具，包括常用的维修套筒、开口扳手、螺丝刀、钳子、电工刀等，如图9-8所示。

7. 绝缘维修仪表

电动汽车维修过程中需要用绝缘维修仪表测试导通和中断，以确认高压是否断开。常用的绝缘维修仪表有数字式万用表和兆欧表，如图9-9所示。

图9-8 绝缘维修工具

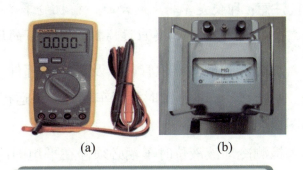

图9-9 绝缘维修仪表
（a）数字式万用表；（b）兆欧表

六、新能源汽车发动机舱日常检查项目

发动机舱日常检查位置如图9-10所示。

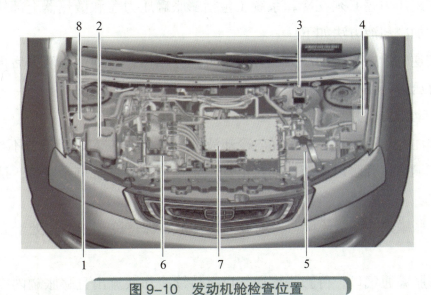

图9-10 发动机舱检查位置
1—洗涤液储液罐；2—电机控制器冷却液膨胀罐；3—制动液储液罐；4—前机舱熔断器盒；
5—蓄电池；6—电机控制器；7—车载充电机；8—动力电池冷却液膨胀罐

1. 检查冷却液

冷却系统的作用是在所有工况下，保证驱动电机、电机控制器、车载充电机在最适宜的温度下工作。

帝豪EV300的冷却系统加注有乙二醇型冷却液，如表9-1所示。

表9-1 冷却液参考信息表

项目	规格	容量/L
电机水箱冷却液	乙二醇型冷却液（防冻液），冰点≤-40℃	6.1
电池冷却液		4.4

⚠ **注意**：即使是车辆未起动时，前机舱罩下的电动冷却风扇也可能会起动并造成伤害。因此，双手、衣物和工具应远离前机舱罩下的风扇。

加热器和散热器软管，以及其他零部件可能会很烫。不要触碰这些零部件，以免被烫伤。禁止在冷却液泄漏时运行车辆。如果运行，可能会造成所有冷却液流失，冷却液膨胀罐如图9-11所示。

检测冷却液液位时车辆必须停在平坦的地面上。检查冷却液膨胀罐中冷却液液位在F与L刻度之间。如果冷却液膨胀罐中的冷却液正在沸腾，请勿进行任何操作，直到其冷却。如果冷却液液位低于L刻度线位置，按照规定的程序给冷却液膨胀罐加注冷却液。

图9-11 冷却液膨胀罐

冷却液膨胀罐压力盖必须在冷却系统（包括膨胀罐压力盖和散热器上部软管）完全冷却之后再打开。添加冷却液方法如下。

（1）慢慢按逆时针方向转动压力盖。如果听到嘶嘶声，等到声音消失后再打开（嘶嘶声意味着里面仍有压力存在）。

（2）继续转动压力盖并将其取下。

（3）缓慢加注冷却液，直至膨胀罐内冷却液量达到80%左右，且液位不再下降。

（4）起动车辆，打开暖风系统，通过电动水泵运行排除系统剩余空气；挤压散热器出气软管可加速排空。

（5）观察膨胀罐内冷却液下降，及时补充冷却液，保持冷却液液位处于L刻度线和F刻度线之间。

（6）观察膨胀罐通气口，待膨胀罐通气口有持续冷却液流出且膨胀罐内冷却液液位不再下降，拧紧膨胀罐盖，至此冷却液加注完成。

不得混用不同品牌和规格的冷却液。不同品牌的冷却液中添加了不同类型的防腐剂、防锈剂等各种化学成分，相互混用容易发生化学反应，引起沉淀、结垢和腐蚀等危害，从而影响车辆的使用寿命。水冷型动力电池的冷却液冰点≤-40℃。

2. 检查制动液

制动液的规格型号如表 9-2 所示，制动液加注量如图 9-12 所示。

表 9-2　制动液的规格型号

项目	规格	容量 /mL
制动液	DOT4	445±20

 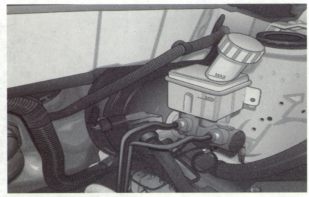

图 9-12　制动液加注量

制动液至少每两年更换一次。若制动液在制动系统内存留时间过长，则制动时可能在系统管路内产生气阻，严重恶化制动效果。如果添加的制动液过多，可能会溅到高温零部件上，如果温度足够高，就会起火燃烧，从而造成人身伤害并损坏车辆。只能使用未开封容器中的新 DOT4 制动液。拧下制动液储液罐盖之前，一定要清洁罐盖及其周围区域，防止污垢进入。制动液液位必须始终位于 MAX 和 MIN 标记之间。使用错误的油液会严重损坏制动液压系统零部件。因此，不要加入错误类型的油液。如果制动液溅到车辆的漆面上，会造成漆面损坏。如果溅到了漆面上，要立即清洗掉。

3. 检查蓄电池

帝豪 EV300 配有免维护蓄电池，不需要添加蓄电池溶液。更换蓄电池时，必须使用同型号、同规格的蓄电池。蓄电池内有腐蚀性酸液，可导致灼伤，产生的气体具有爆炸性，在运输和储存时，请保持正面朝上，注意不要让蓄电池掉到地上，以免受伤。

⚠ **注意：** 帝豪 EV300 具备智能充电功能，当铅酸蓄电池电压低时车辆将自动为其充电。但停车时，车辆电路系统会存在微弱的电流消耗，长时间静置车辆将消耗动力电池电量。因此，如果要长期存放车辆，应从蓄电池上卸下黑色负极（-）电缆，以防止动力电池放电。

4. 检查风窗洗涤液（前挡风玻璃清洗液）

风窗洗涤液的型号如表 9-3 所示，风窗洗涤液加注量表如图 9-13 所示。

表 9-3 风窗洗涤液的型号

项目	规格	容量 /L
风窗清洗剂	硬度低于 205 g/1000 kg 的水或适量商用添加剂的水溶液	2.1

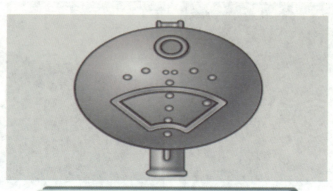

图 9-13 风窗洗涤液加注量表

使用风窗玻璃洗涤液前一定要阅读制造商的说明书。如果该车辆使用的地区气温可能会降至 0℃以下，应使用有足够防冻能力的洗涤液。打开带有洗涤器符号的加注口盖。添加洗涤液，直至储液罐加满。如果使用浓缩型洗涤液，请遵照制造商的说明加水稀释。不要给即买即用型洗涤液掺水，加水可能会造成洗涤液结冰而损坏洗涤液储液罐和洗涤器系统的其他部件。另外，水的清洗能力不如洗涤液。天气非常寒冷时，洗涤液储液罐只能加到 3/4。这使得洗涤液结冰时有膨胀的空间，以免因完全加满后结冰膨胀而损坏储液罐。风窗玻璃洗涤器中不可使用冷却液（防冻剂），否则会损坏车辆的风窗玻璃清洗系统和漆面。

5. 检查轮胎

轮胎与轮辋规格如表 9-4 所示。

表 9-4 轮胎轮辋规格

轮辋规格	轮胎规格
17×6.5 J	205/50R17 93W

1）轮胎气压

每月至少检查一次轮胎。在用轮胎的充气压力应为 240 kPa。

2）如何检查轮胎

仅凭目测无法确定轮胎气压是否合适，应使用轮胎气压表检查轮胎压力。子午胎即使充气不足时看上去仍很正常。在冷胎时检查轮胎充气压力（冷胎表示车辆停车 3 h 以上或行驶不超过 1.6 km）从轮胎气门芯上拆下气门帽，将轮胎气压表用力按到气门上，测量压力读数。如果冷胎充气压力符合胎压标签上推荐的压力值，则无须进行调节。如果充气压力过低，继续充气至推荐压力值。如果轮胎充气过量，按压轮胎气门中心的金属气门芯放气。使用轮胎气压表再次检查轮胎气压。务必将气门帽装回到气门芯上。气门帽可防止灰尘和潮气进入。

每行驶 10 000 km 时应进行轮胎换位。定期进行轮胎换位的目的是使车辆的所有轮胎磨损均匀，确保车辆一直有与轮胎全新时最相近的性能表现。只要发现异常磨损，就应该尽快进行轮胎换位并检查车轮定位。同时，还要检查轮胎或车轮是否损坏。

当车轮花纹深度磨损到只剩下 1.6 mm 或更少时应该及时更换新的轮胎。应确保新轮胎的尺寸、负荷范围、额定速度及结构类型与原装轮胎相同（与车辆《维修手册》要求的型号一致）。这样，更换轮胎后在正常使用的情况下，车辆的性能会和以前一样安全。建议 4 个轮胎一起更换。这是因为所有轮胎上统一的胎纹深度将有助于保持车辆一直有与轮胎全新时最相似的性能表现。如果 4 个轮胎不是一起更换，则可能会影响车辆的制动和操控性能。

> ⚠ **注意**：混用轮胎会造成行驶时车辆失控。

七、新能源汽车检查操作步骤

1. 发动机舱检查

（1）将汽车钥匙带入车内，踩下制动踏板按下起动按钮，确认仪表上"READY"灯点亮，车辆可正常上电。

（2）目测仪表上车辆动力电池当前剩余电量情况并记录。

（3）关闭点火开关，车辆正常下电。

（4）将车辆钥匙放入汽车钥匙保管盒。

（5）检查数字式万用表是否正常。

（6）目测检查蓄电池外观情况。

（7）目测检查蓄电池安装情况。

（8）目测检查蓄电池正、负极情况。

（9）测量蓄电池静态电压。

（10）检查雨刮液（液面高度）。

（11）检查制动液（液面高度及质量）。

（12）检查动力电池冷却液（液面高度及质量）。

（13）目测检查保险盒外观情况。

（14）打开保险盒检查各保险是否按要求使用规定的保险。

2. 车辆底盘检查（未举升状态下）

（1）查阅《维修手册》确认车辆轮胎螺栓标准扭矩。

（2）查阅《维修手册》确认车辆在用轮胎气压。

（3）查阅《维修手册》确认车辆备用轮胎气压。

（4）观察需紧固轮胎螺栓并确认应使用的套筒尺寸。

（5）正确选择轮胎套筒。

（6）正确调整定扭矩扳手至标准扭矩。

（7）按标准扭矩紧固4个车轮轮胎螺栓。

（8）测量备用轮胎气压。

3. 车辆底盘检查（车辆举升至中位）

（1）正确安放车辆垫块。

（2）正确举升车辆至作业高度。

（3）锁止举升机，并进行作业前的安全检查。

（4）查阅《维修手册》确认车辆制动摩擦片的厚度极限值。

（5）使用照明灯具检查各制动盘表面。

（6）使用照明灯具检查各外侧制动摩擦片的厚度情况。

（7）目测检查各轮胎侧情况。

（8）查阅《维修手册》确认车辆轮胎花纹深度使用极限值。

（9）使用轮胎花纹深度仪检查各在用轮胎花纹深度情况。

4. 车辆底盘检查（车辆举升至高位）

（1）正确举升车辆至作业高度。

（2）锁止举升机，并进行作业前的安全检查。

（3）目测检查左（右）驱动轴内（外）侧防尘套情况。

（4）目测检查左（右）前减震器及防尘胶套情况。

（5）目测检查左（右）前减震弹簧情况。

（6）目测检查左（右）横拉杆与防尘套情况。

（7）查阅《维修手册》确认车辆下摆臂与前副车架的左（右）侧各2个固定螺栓紧固扭矩。

（8）观察需紧固下摆臂与前副车架的固定螺栓并确认应使用的套筒尺寸。

（9）正确选择轮胎套筒。

（10）正确调整扭矩扳手至标准扭矩。

（11）按标准扭矩紧固左（右）侧下摆臂与前副车架的固定螺栓。

（12）目测检查左（右）后减震器及防尘胶套情况。

（13）目测检查左（右）后减震弹簧情况。

（14）查阅《维修手册》确认后减振器与后桥的固定螺母扭矩。

（15）观察需紧固后减振器与后桥的固定螺母并确认应使用的套筒尺寸。

（16）正确选择轮胎套筒。

（17）正确调整扭矩扳手至标准扭矩。

（18）按标准扭矩紧固后减振器与后桥的固定螺母。

（19）将车辆安全下降。

（20）移除车辆垫块。

5. 恢复车辆及整理场地

（1）取下车外三件套，关闭发动机舱盖。

（2）取下车内四件套，升起车窗关闭车门。

（3）移除车轮挡块。

（4）撤除警戒线（警戒栏）、高压警示牌。

（5）整理场地与工具。

项目小结 →

1. 电动汽车的保有量逐年增多，电动汽车技术也正在飞速发展，但是作为由高压动力电池提供动力的电动汽车在使用、维护保养和检查维修时需要高度重视高压安全问题。

2. 对电动汽车维修工来说，如何提高维修工作安全指数是重中之重。为了消除电动汽车高压电对车辆和维修人员的潜在威胁，保证电动汽车电气系统的安全，必须掌握高压电位置防护知识、采用绝缘工具进行规范维护检修，根据不同部位选择相应工具。

3. 维修人员在维护检测的过程中要注重高压安全要求，按照正确的规范要求进行操作。